JN445715

독자의 1초를 아껴주는 정성!

세상이 아무리 바쁘게 돌아가더라도
책까지 아무렇게나 빨리 만들 수는 없습니다.
인스턴트 식품 같은 책보다는
오래 익힌 술이나 장맛이 밴 책을 만들고 싶습니다.
길벗이지톡은 독자여러분이 우리를 믿는다고 할 때 가장 행복합니다.
나를 아껴주는 어학도서, 길벗이지톡의 책을 만나보십시오.

독자의 1초를 아껴주는 정성을 만나보십시오.

(주) 도서출판 길벗 www.gilbut.co.kr
길벗 이지톡 www.gilbut.co.kr
길벗 스쿨 www.gilbutschool.co.kr

거북이 영어 학교

- 알파벳 읽기 -

거북이 영어학교 - 알파벳 읽기
Turtle English School - Alphabet Reading

초판 발행 · 2026년 1월 1일

지은이 · 곽하늬
발행인 · 이종원
발행처 · (주)도서출판 길벗
브랜드 · 길벗이지톡
출판사 등록일 · 2000년 4월 14일
주소 · 서울시 마포구 월드컵로 10길 56(서교동)
대표 전화 · 02)332-0931 | **팩스** · 02)323-0586
홈페이지 · www.gilbut.co.kr | **이메일** · eztok@gilbut.co.kr

기획 및 책임 편집 · 고경환(kkh@gilbut.co.kr) | **디자인** · 최주연 | **제작** · 이준호, 손일순, 이진혁
마케팅 · 차명환, 장봉석, 최소영 | **유통혁** · 한준희 | **영업관리** · 김명자, 심선숙 | **독자지원** · 윤정아

편집진행 및 교정교열 · 임현경 | **전산편집** · 한효경
CTP 출력 및 인쇄 · 정민 | **제본** · 정민

• 길벗이지톡은 (주)도서출판 길벗의 성인어학서 출판 브랜드입니다.
• 이 책은 저작권법의 보호를 받는 저작물로 이 책에 실린 모든 내용, 디자인, 이미지, 편집 구성은 허락 없이 복제하거나 다른 매체에 옮겨 실을 수 없습니다.
• 인공지능(AI) 기술 또는 시스템을 훈련하기 위해 이 책의 전체 내용은 물론 일부 문장도 사용하는 것을 금지합니다.
• 잘못 만든 책은 구입한 서점에서 바꿔 드립니다.
• 책 내용에 대한 문의는 길벗 홈페이지(www.gilbut.co.kr) 고객센터에 올려 주세요.

ISBN 979-11-407-1646-3 03740
(길벗 도서번호 301203)

정가 22,000원

독자의 1초까지 아껴주는 정성 길벗출판사

(주)도서출판 길벗 | IT단행본, 성인어학, 교과서, 수험서, 경제경영, 교양, 자녀교육, 취미실용 www.gilbut.co.kr
길벗스쿨 | 국어학습, 수학학습, 주니어어학, 어린이단행본, 학습단행본 www.gilbutschool.co.kr

유튜브 @GILBUTEZTOK | **인스타그램** gilbut_eztok | **네이버포스트** gilbuteztok

느려도 쉬어가도 포기하지 않는

거북이 영어 학교

알파벳 읽기

하니티처 지음

길벗 이지:톡

머리말

"왕초보 영어 교재'라고 해서 샀는데 너무 어려워요."

"길거리 간판부터 읽고 싶은데, 읽는 법을 가르쳐주는 게 없어요."

"저는 ABC부터 배워야 하는데, 어디가서 배워야 하나요.."

영어 공부를 시작하려고 상담 요청한 학생들이 하는 질문이었습니다. 학생들에게 추천해주기 위해 책이나 강의를 찾아보는데 마땅한게 없었어요. '아니, 영어 교육 왕국인 대한민국에 왜 진짜 왕초보를 위해 ABC부터 가르치는 책이 이렇게나 없다고?'하며 얼마나 놀랐는지요.

선생님 영어를 읽고 싶은데 어떻게 해야하죠?

이런 학생들의 요청에 급하게 녹화해서 올린것이 '하니티처'

유튜브의 시작이었습니다. 조명도 없이 쓰던 핸드폰으로 어설프게 찍어 올린 그 영상이 단 시간에 구독자 1만, 누적 조회수 200만이 넘으면서 '아, 우리 학생들 진짜 이게 필요했구나.'라는게 피부로 와닿았죠. 그로부터 2년 반동안 많은 분들이 영어 읽기 불편함이 없으셨으면 좋겠다는 생각으로 유튜브 '왕기초 영어 읽기'시리즈를 만들었어요. 그리고 많은 분들이 교재로 연습하고 싶다는 요청에 이렇게 책을 내게되었습니다.

영어를 하면, 갑자기 내가 모르던 세상이 보입니다.
내가 사는 이 세상이 딱 두 배만큼 넓어져요.

모든 수업의 첫 시간에 꼭 하는 말입니다. 멋모르고 영국의 한 음악밴드에 반해서 스무살에 공부를 시작한게 그 시작이었지만 지금은 그때에 비하면 마치 영화의 한 장면처럼 세상이 밝아지고 넓어졌습니다. 제가 갈 수 있는 곳, 제가 만나는 사람들, 제가 접하게 되는 세상이 정말 딱 전 세계에서 영어를 사용하는 크기만큼 넓어졌죠.

지금 시작하면 늦은게 아닐까요?

많은 분들이 이런 말씀을 하면서 망설이세요. 그럼 저는 말씀드리지요. "일단 시작하면, 한 달 후에, 1년 후에 어느 날 영어가 읽히고, 영어로 말하는 나를 발견하시게 될거예요. 아무것도 하지 않은 한 달, 1년보다 지금 당장 시작하면 한 달 후, 1년 후가 다르지 않을까요?" 일단 시작하시고 우리 함께 조금씩 나아가봐요.

저희 할머니를 가르친다는 생각으로 썼습니다!

이 책은 사실 저희 할머니를 생각하면서 만들었습니다. 읽지 못하시고 저 자신도 오랫동안 그걸 몰랐죠. 영어를 배우고 싶

긴한데 어디가서 배우기도 쑥스럽고 제가 보이면 이것저것 많이 물어보십니다. 저희 할머님께 알려주듯 가능하면 쉽고 친절하게 차근차근 공부하실 수 있도록 열심히 썼습니다. 차분히 따라오시기만 하세요.

거북이처럼 꾸준하고 끈기있게 배워봐요!

이 책 '거북이 영어학교'는 영어를 시작하시는 분들이 중간에 포기하지않게 '꾸준하게' 영어를 알려줍니다. 문장마다 이해가 쉽게되도록 여러번 퇴고를 거쳤고 같이 제공하는 동영상 강의도 여러 번 재촬영하며 난이도를 맞췄습니다. 제일 중요한 것은 거북이처럼 끝까지 포기하지 않는 겁니다. 이러시다보면 어느 날 영어를 읽고 쓰는 자신을 발견하시게 될 거예요. 도전하는 여러분을 오늘도 응원합니다.

하니티처 드림

목차

- 이 책의 동영상 보는 법 12
- '하니티쳐'에서 효과적으로 공부하는 법 19

1장 | 영어 글자와 친해지기

DAY 01 기초가 되는 알파벳 제대로 익히기 28

DAY 02 대문자 써보기 31

DAY 03 소문자 써보기 38

DAY 04 대문자, 소문자 함께 쓰기 44

DAY 05 필기체 써보기 49

DAY 06 어떻게 소리내는지 알아봐요! A, B, C, D, E 57

DAY 07 어떻게 소리내는지 알아봐요! F, G, H, I, J 63

DAY 08 어떻게 소리내는지 알아봐요! K, L, M, N, O, P 69

DAY 09 어떻게 소리내는지 알아봐요! Q, R, S, T, U, V 74

DAY 10 어떻게 소리내는지 알아봐요! W, X, Y, Z 80

DAY 11 3글자 영어 단어 읽기 85

DAY 12 4글자 영어 단어 읽기 97

DAY 13 한글로 3글자 영어 써보기 117

DAY 14 한글로 4글자 영어 써보기 129

DAY 15 내 이름을 영어로 써보기 141

2장 | 영어 덩어리 글자와 친해지기

DAY 16 떨어진 모음 덩어리 익히기 150

DAY 17 '에이' 소리가 나는 덩어리 : a_e 153

DAY 18 '아이' 소리가 나는 덩어리 : i_e 161

DAY 19 '오우' 소리가 나는 덩어리 : o_e 169

DAY 20 '유우' 소리가 나는 덩어리 : u_e 178

DAY 21 딱 붙어있는 모음 덩어리 익히기 187

DAY 22 '이이' 소리가 나는 덩어리 : ee, ea 190

DAY 23 '오이' 소리가 나는 덩어리 : oi, oy 199

DAY 24 '아우' 소리가 나는 덩어리 : ou, ow 208

DAY 25 '오우' 소리가 나는 덩어리 : oa, ow 217

DAY 26 '우' 소리가 나는 덩어리 : oo 226

DAY 27 '아이' 소리가 나는 덩어리 : igh 234

DAY 28 새로운 소리가 된 덩어리 익히기 239

DAY 29 '슈' 소리가 된 덩어리 : sh 242

DAY 30 '츄' 소리가 된 덩어리 : ch 252

DAY 31 '쓰(θ)' 소리가 된 덩어리 : th 262

DAY 32 '우' 소리가 된 덩어리 : wh 272

DAY 33 'ㅋ' 소리가 된 덩어리 : ck 280

DAY 34 '이응(ㅇ)' 받침이 된 덩어리 : ng 285

DAY 35 '응크' 소리가 된 덩어리 : nk 290

DAY 36 모음에 R이 붙은 덩어리 익히기 297

DAY 37 '얼~' 소리가 나는 덩어리 : er, ir, ur 300

DAY 38 '아알~' 소리가 나는 덩어리 : ar 312

DAY 39 '오올~' 소리가 나는 덩어리 : or 317

이 책의 동영상 보는 법

이 책에 실려있는 모든 동영상 강의는 제 유튜브(YouTube)를 통해서 제공합니다. 스마트폰으로도 영상을 볼 수 있게 도서 곳곳에 QR코드를 넣어놨습니다. 어려우시다고요? 스마트폰을 잘 다루지 못해도 전혀 걱정하지 마세요. 처음부터 끝까지 아주 쉽게 설명해 드리니까요. 학습하기 전에 동영상 보는 법부터 차근차근 배워보자고요.

'유튜브(YouTube)'는 전 세계적으로 사용하는 동영상 공유 사이트입니다. 다른 사람이 올린 동영상을 볼 수있고, 내가 만든 영상을 올릴 수도 있습니다. 이렇게 자료가 방대한 유튜브에서 이 책의 학습 동영상이 모여있는 '하니티처'채널을 찾는 법을 알려드릴게요.

❶ 핸드폰에서 **'유튜브(YouTube)'를 누릅니다.** 이 아이콘을 꼭 기억하세요.

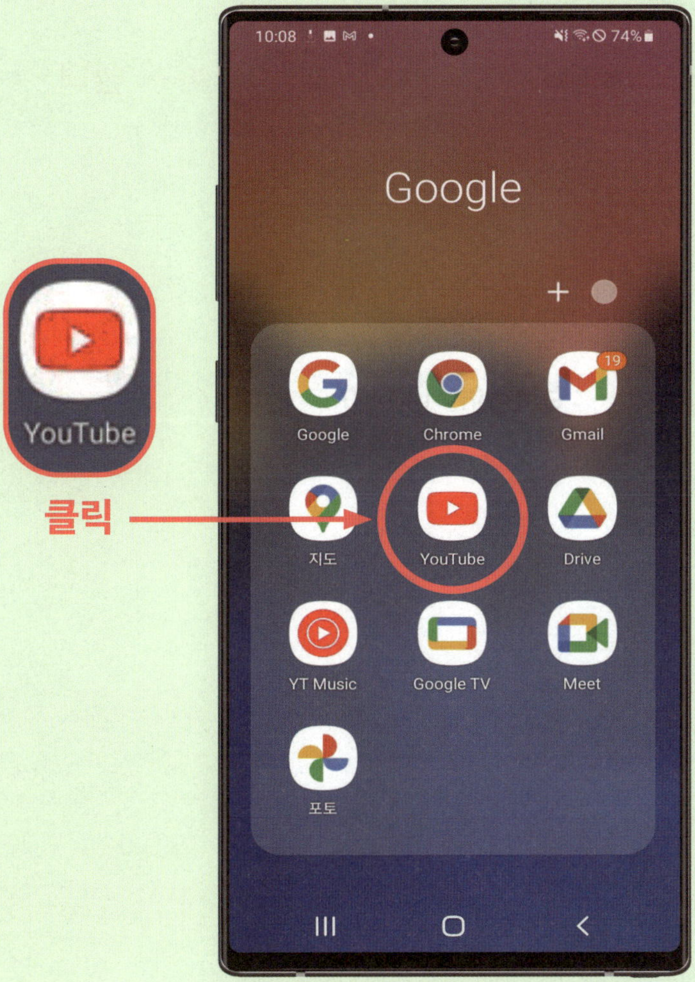

❷ 유튜브를 켜면 다음과 같은 화면을 볼 수 있어요. 여기서 상단의 돋보기 모양의 '검색'버튼을 누르면 '하니티처'의 동영상을 찾아볼 수 있습니다. **검색버튼을 눌러보세요.**

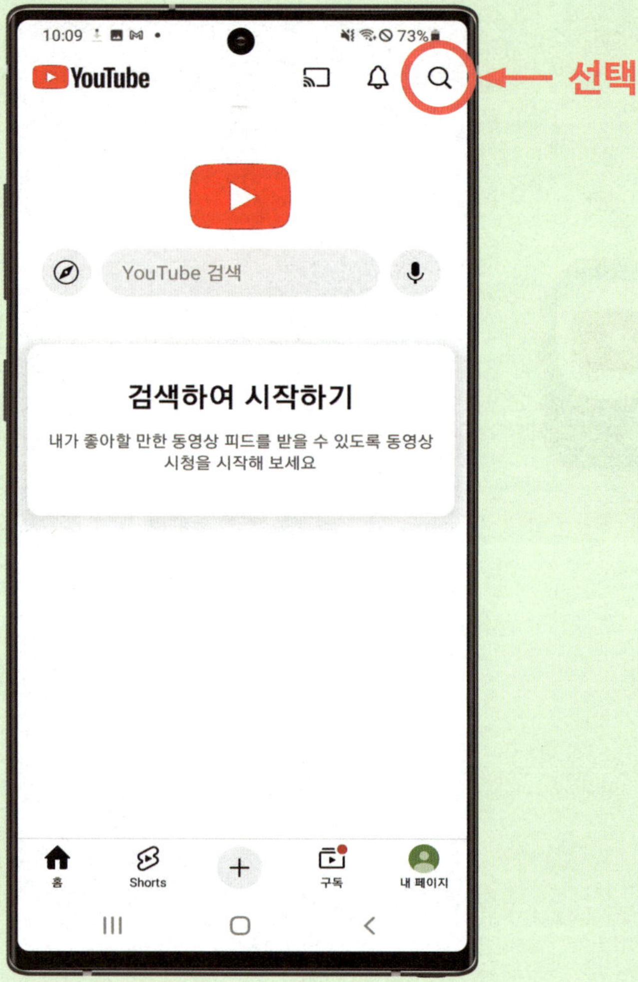

❸ 검색 창이 뜨면 **'하니티처'**라고 입력한 후 **'하니티처'**를 선택하세요.

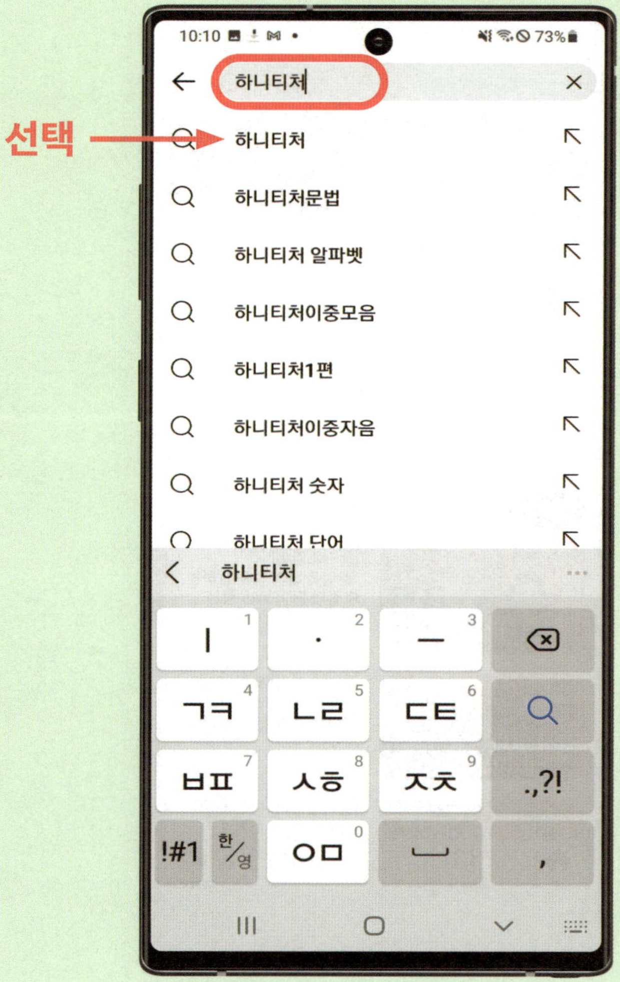

❹ '하니티처'의 채널이 보이면 제 사진이 들어있는 **원형 모양을 눌러 주세요.** 그러면 '하니티처' 채널의 홈 화면으로 이동합니다.

❺ '하니티처'의 홈 화면입니다. 여기서 '구독' 버튼을 눌러주세요. 그러면 상태가 '구독중'으로 바뀝니다.

❻ '구독중' 옆의 종모양을 누르면 앞으로 '하니티처' 채널에 새 영상이 올라올 때 마다 알림을 받을 수 있습니다. **종 모양을 누른 후 '전체'를 선택합니다.**

'하니티처'에서 효과적으로 공부하는 법

이번에는 '하니티처' 채널을 더 자세히 들여다보고 어떻게 이용하면 되는지 알아보겠습니다.

❶ '하니티처' 유튜브 채널 홈 화면

❷ 하니티처가 올리는 동영상을 최신 순(최근 올린 순서)으로 볼 수 있습니다. 동영상을 선택하면 최신 순서, 인기 순서, 오래된 순서로 영상을 선택할 수 있는데요, **동영상을 처음부터 보고 싶으시다면 '날짜순'을 선택하시면 됩니다.**

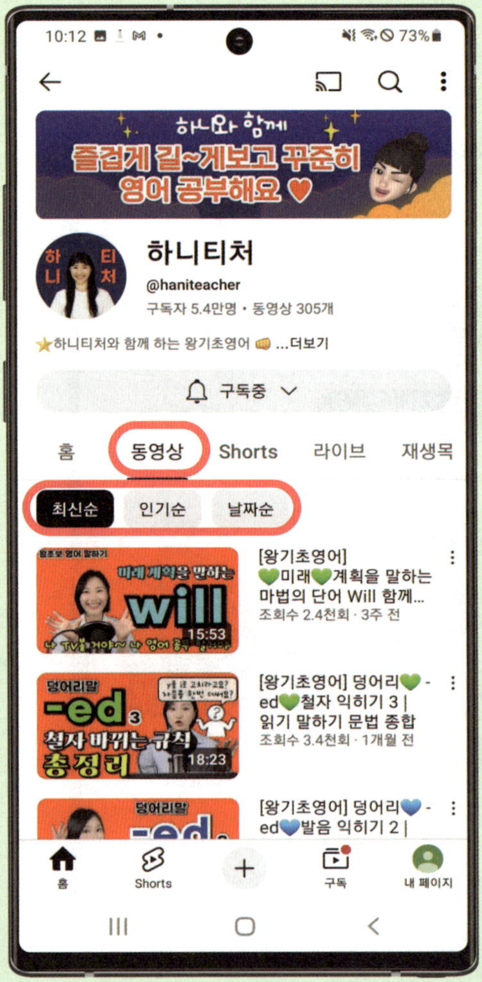

❸ 이번에는 상단의 재생목록으로 들어가 볼게요. 이 부분은 동영상을 주제별로 묶어 놓은 페이지입니다. 원하는 주제를 클릭하면 그 주제에 해당하는 영상만 볼 수 있어요. **예를 들어 '왕기초 필수 영어 단어장'을 클릭하면 왕초보 학습자를 위한 단어 학습 영상만 볼 수 있어요.**

이 책의 동영상 쉽게 찾는 법

영어를 시작하거나 초보자인 경우 책만으로는 부족할 수 있습니다. 책의 내용을 제대로 이해하기 위해 **꼭 동영상 강의를 같이 보면서 학습하세요.** 쉽게 동영상 보는 법을 설명드립니다. 따라해보시면 정말 간단합니다. 일단 각 장의 제목 부분에 아래와 같은 네모난 무늬가 보이는데 바로 QR(큐알)코드입니다. 흔히 볼 수 있는 바코드와 비슷한 고유 인식 마크라고 보시면 됩니다.

QR코드

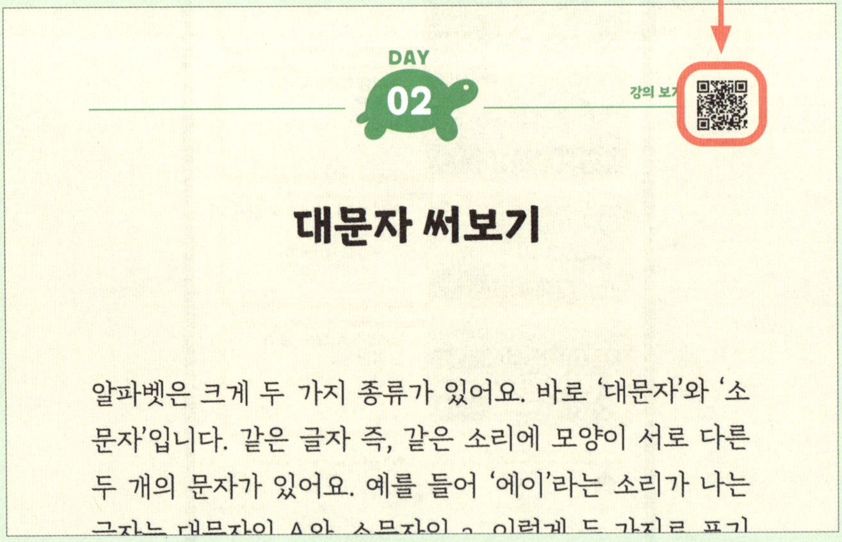

대문자 써보기

알파벳은 크게 두 가지 종류가 있어요. 바로 '대문자'와 '소문자'입니다. 같은 글자 즉, 같은 소리에 모양이 서로 다른 두 개의 문자가 있어요. 예를 들어 '에이'라는 소리가 나는 글자는 대문자인 A와 소문자인 a 이렇게 두 가지로 표기

1) **보통 스마트폰의 카메라 앱을 실행**시키거나 2) **카톡** 또는 3) **네이버 앱**을 이용하면 해당 영상을 바로 볼 수 있습니다. 카메라로 한 번 설명을 드릴게요

❶ 카메라 앱을 실행시키세요.

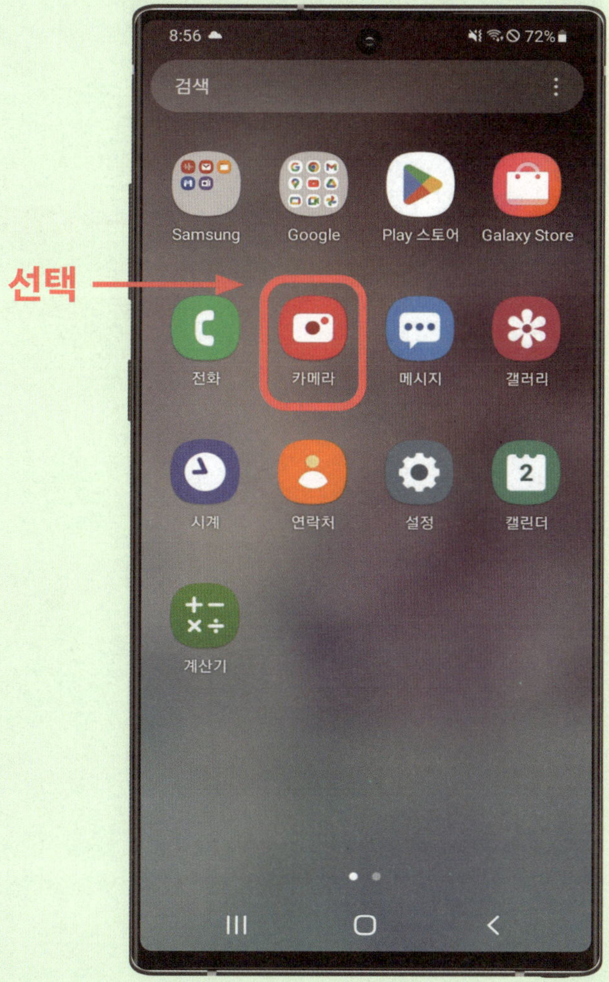

❷ 사진앱에서 '사진 모드'로 책의 QR코드를 맞춰주세요.

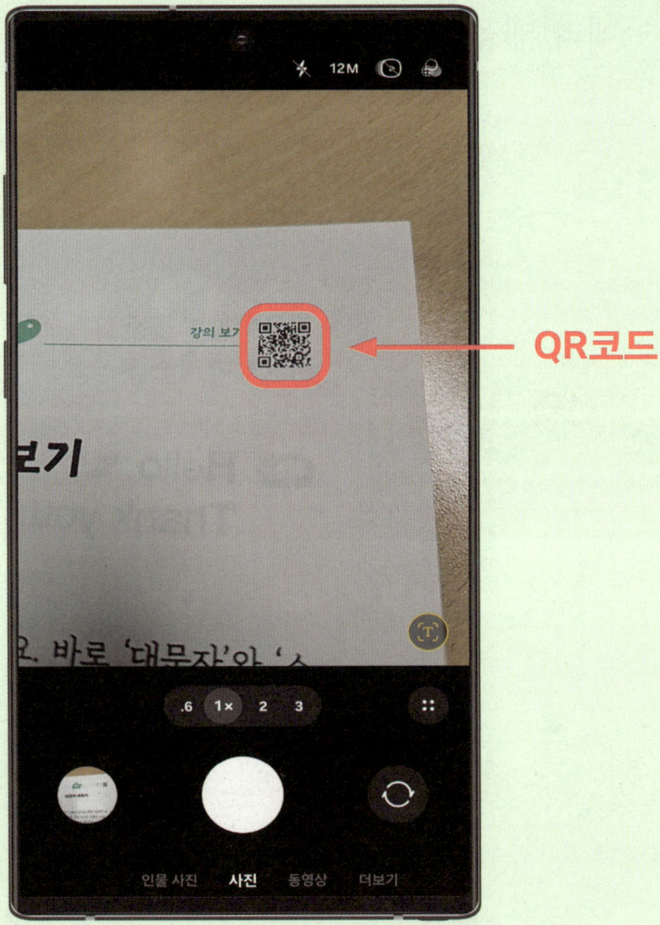

❸ 카메라가 동작하면 QR 코드를 인식하고 하단에 영상의 링크가 뜹니다. **'웹 브라우저로 열기'를 선택**하면 해당 영상을 바로 볼 수 있습니다.

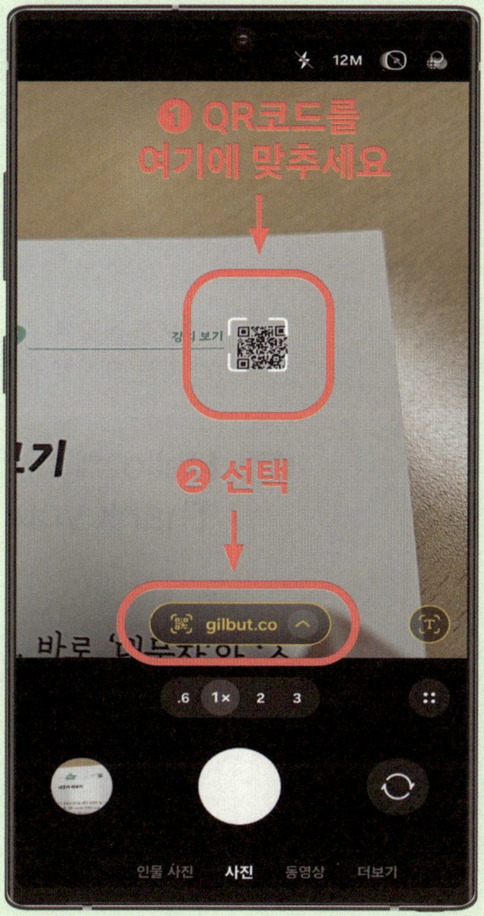

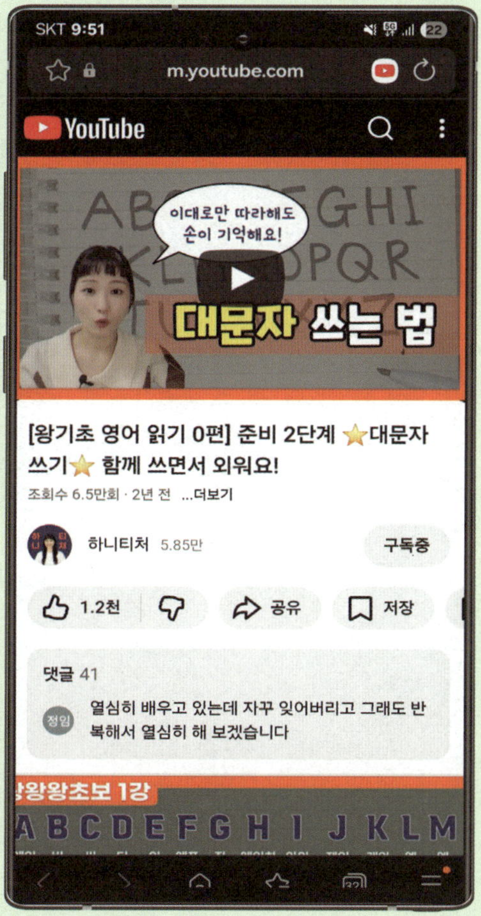

우리 말의 자음과 모음처럼
영어도 알파벳이 가장 기본이 됩니다.
가장 기초지만
알파벳이 모여서 단어가 되고
이 단어들이 모여 문장이 됩니다.
가장 기초부터 차근차근 배워봐요!

1장

영어 글자와 친해지기

강의 보기

DAY 01

기초가 되는 알파벳 제대로 익히기

우리말의 문자를 뭐라고 할까요? “한글”입니다. 우리말에 “한글”이 있듯이 영어에는 영어의 문자, 바로 “알파벳”이 있어요. 알파벳에는 총 26개의 문자가 있습니다. 이 문자를 조합하여 단어를 만들지요. 영어 공부의 시작, 알파벳부터 하나씩 익혀볼까요?

핵심 정리

언어	문자 이름
우리말	한글
영어	알파벳

연습하기

알파벳 문자와 명칭

아래 알파벳(문자)을 눈에 새기면서 소리내어 각 명칭을 읽어보세요! 예를 들어 A를 읽으면서 '에이!'하고 소리내어 읽어보는 거예요. 세 번씩 큰 소리로 읽어보세요.

A	B	C	D	E	F	G
에이	비	씨	디	이	에프	쥐

H	I	J	K	L	M	N
에이치	아이	제이	케이	엘	엠	엔

O P Q R S T U

오 피 큐 알 에쓰 티 유

V W X Y Z

브이 더블유 엑스 와이 지 (제트)

잠깐 쉬어가기

알파벳 Z는 이름이 두 개?!

알파벳의 마지막 글자 Z는 이름이 두 가지예요. 바로 '지(zee)'와 '제드(zed)'입니다. 그런데 우리말에서는 Z를 국립국어원 표기에 따라 '제트'로 불러요. 이건 사실 실제 영어 발음과 조금 달라요. Z의 영어 이름은 'Zed'이고, 이건 '제드'에 가까운 발음이거든요. 즉, '제트'는 예전부터 한국에서 굳어진 표기일 뿐, 영어식 발음이 아니예요. 그래서 대부분의 영어 교육에서는 미국실 발음인 '지(zee)'로 배우고 있답니다.

DAY 02

강의 보기

대문자 써보기

알파벳은 크게 두 가지 종류가 있어요. 바로 '대문자'와 '소문자'입니다. 같은 글자 즉, 같은 소리에 모양이 서로 다른 두 개의 문자가 있어요. 예를 들어 '에이'라는 소리가 나는 글자는 대문자인 A와, 소문자인 a, 이렇게 두 가지로 표기해요. 이 과에서는 대문자만 배워볼게요.

핵심 정리

소리	대문자	소문자
에이	A	a
비	B	b

대문자는 보통 문장의 가장 첫 글자에 쓰이는데요, '문장이 시작한다'라는 표시를 해 주는 것입니다.

예시 **H**ello. 헬로우 ◀ 문장의 첫 시작인 H만 대문자

Thank you. 땡크 유 ◀ 문장의 첫 시작인 T만 대문자

또한 사람 이름, 나라 이름 등과 같은 **고유한 것의 첫 글자**로 쓰여서 유일무이한 것임을 나타내 줍니다.

예시 **T**om 탐 ◀ 사람 이름의 첫 글자인 T만 대문자

Korea 코리아 ◀ 나라 이름의 첫 글자인 K만 대문자

대문자 쓰기

아래 대문자를 따라 써 봅시다. 글자를 쓰면서 그 명칭을 소리내어 말하면 공부 효과가 더 좋아요!

A A A
에이

B B B
비

C C C
씨

D D D
디

E E E
이

F F F
에프

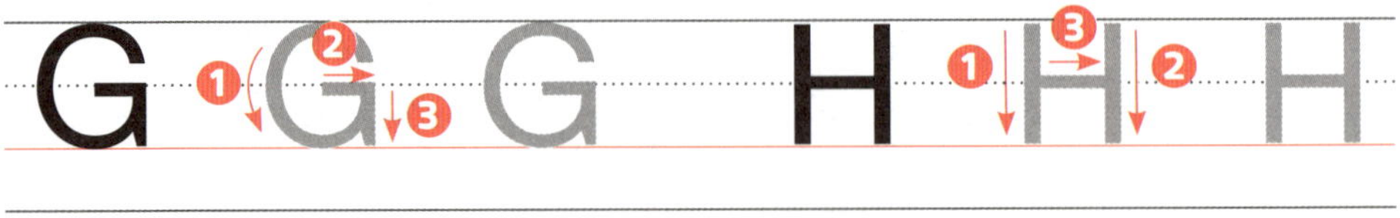

쥐 에이치

유형 1 유형 2

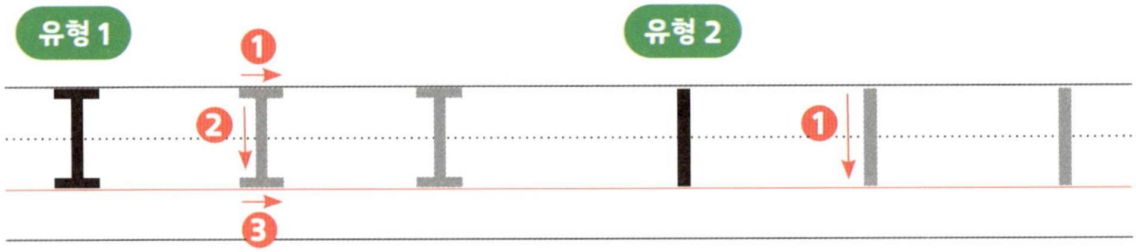

아이

잠깐 쉬어가기

대문자 아이(I)의 두 가지 유형

대문자 아이(I)는 두 가지 유형이 있어요. 둘 중 어떤 유형을 써도 괜찮아요.
유형 2의 경우, 세로 짝대기 하나만 있는 모양이 소문자 엘(l)과 같아서 대문자 아이(I)인지 소문자 엘(l)인지 헷갈리기 쉬워요. 하지만 대문자는 문장의 첫 글자에 쓰인다고 했죠? 그래서 문장의 맨 앞에 있으면 보통 대문자 아이(I)고, 단어나 문장 중간에 있으면 보통 소문자 엘(l)이에요. 이렇게 위치로 대문자 아이(I)인지 소문자 엘(l)인지 구분할 수 있어요.

J J J K K K

제이 케이

L L L M M M

엘 엠

N N N O O O

엠 오

P P P Q Q Q

피 큐

R R R

알

S S S

에쓰

T T T

티

U U U

유

V V V

브이

W W W

더블유

X X X

엑스

Y Y Y

와이

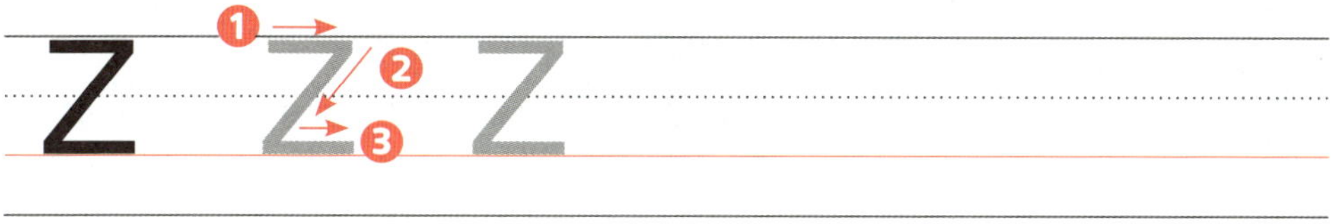

지(제트)

잠깐 쉬어가기

알파벳 Z에 줄이 그어진 형태(Ƶ)를 본 적 있나요?

알파벳 지(Z)를 쓸 때 가운데 줄을 그어서 쓰는 형태(Ƶ)는 숫자 2와 같은 비슷한 모양과 구분하기 위해 사용되기도 해요. 특히 손글씨의 경우, Z와 2를 혼동해서 쓸 수도 있기 때문에, '이건 알파벳 Z입니다!'를 알려주기 위해 Ƶ 형태를 쓰기도 한답니다.

강의 보기

DAY 03

소문자 써보기

이번에는 소문자를 익혀볼게요. 소문자는 이름 그대로, 대문자보다 글자의 크기가 좀 더 작아요. 앞서 배운 것처럼, 대문자는 다음과 같은 경우에 써요.

1. 문장의 가장 첫 글자
2. 사람 이름, 나라 이름, 요일처럼 딱 1개만 있는 것, 즉 고유한 것을 나타낼 때

이 두 가지 경우에는 반드시 대문자를 써야 해요. 그 외의 모든 글자는 소문자로 써요. 물론 알려드린 '대문자를 써야 하는 2가지 경우' 외에도 대문자를 쓰는 경우는 있지만, 영어를 쓸 땐 대부분은 소문자를 써요.

핵심 정리

대문자를 쓰는 경우	문장의 가장 첫 글자, 고유한 것을 나타낼 때 첫 글자 등
소문자를 쓰는 경우	대문자를 쓰는 경우 외에 전부

소문자 쓰기

아래 소문자를 따라 써 봅시다. 글자를 쓰면서 그 명칭을 소리내어 말하면 공부 효과가 더 좋아요!

유형 1

a ① ② a a

유형 2

a ① ② a a

에이 ①과 ②를 이어서 쓰세요.

✱ 참고 | 소문자 a는 두 가지 유형이 있어요. 둘 중 어떤 유형을 써도 괜찮지만 보통 필기에선 유형 1이 많이 쓰이고, 인쇄물에선 유형 2가 많이 쓰여요.

b ① ② b b

비

c ① c c

씨

d d d e e e

디 이

f f f g g g

에프 쥐

h h h i i i

에이치 아이

j j j k k k

제이 케이

l ❶ l l

엘

m ❶❷❸ m m

엠

n ❶ n ❷ n

엔

o ❶ o o

오

p ❶ p ❷ p

피

q ❶ q ❷ q

큐

r ❶ r ❷ r

알

s ❶ s s

에쓰

유형 1

t t t

티

유형 2

t t t

※ 참고 | 소문자 t 또한 두 가지 유형이 있어요. 둘 중 어떤 유형을 써도 상관없어요! 나한테 더 편한 방식을 사용하면 된답니다.

u u u

유

v v v

브이

w w w

더블유

x x x

엑스

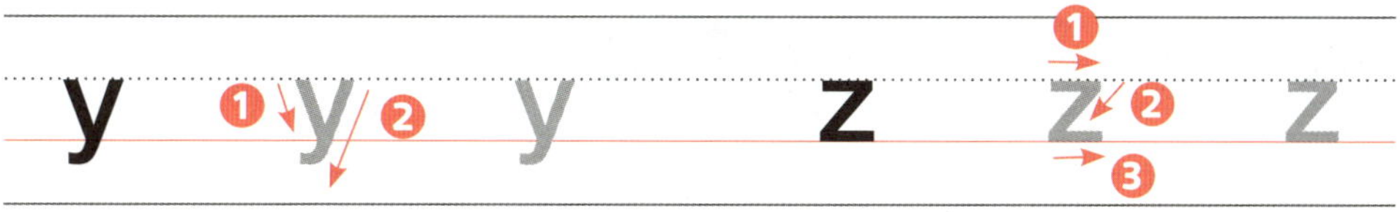

와이 지(제트)

잠깐 쉬어가기

소문자 z에도 가운데 짝대기를 긋기도 하나요?

앞에서 대문자 Z의 가운데에 줄을 그어서 쓰는 형태(Ƶ)에 대해 얘기했죠? 소문자 z도 대문자와 마찬가지로 ƶ로 쓰기도 해요. 대문자 Ƶ와 같은 이유, 즉 비슷한 숫자와 혼동되는 것을 피하기 위해 사용돼요.

강의 보기

DAY 04

대문자, 소문자 함께 쓰기

이번에는 앞에서 따로 연습했던 대문자와 소문자를 함께 연습해볼 거예요. 지금까지는 A와 a, B와 b처럼 각각 따로 써보며 글자의 생김새를 익혔죠. 이제는 그 둘을 짝지어 기억하는 단계로 넘어가볼게요. 대문자와 소문자를 한 세트로 연결해서 보면 비슷하게 생겼는데도 조금씩 다른 점을 더 쉽게 찾을 수 있고, 헷갈렸던 글자들도 머릿속에서 정리가 된답니다. 무엇보다 영어 글자는 읽고 쓰는 모든 활동의 시작이에요. 단어를 읽어보기 전, 이 단계에서 글자 모양을 단단하게 잡아두면뒤에서 배우는 모든 것이 훨씬 편해질 거예요!

지금부터 직접 손으로 써보면서 우리의 머리와 손이 영어 글자를 진짜 내 것으로 만들 수 있도록 함께 연습해요. 준비되셨나요? 함께 시작해 볼까요?

대문자, 소문자 함께 쓰기

앞에서 익힌 대문자와 소문자를 함께 쓰면서 익혀봅시다. 마찬가지로 알파벳 명칭을 소리 내면서 써보세요.

대문자 소문자

A a A a

에이

대문자 소문자

B b B b

비

대문자 소문자

C c C c

씨

대문자 소문자

D d D d

디

대문자 소문자

E e E e

이

대문자 소문자

F f F f

에프

대문자 소문자

G g G g

쥐

대문자 소문자

H h H h

에이치

대문자 소문자

I i I i

아이

대문자 소문자

J j J j

제이

대문자 소문자

K k K k

케이

대문자 소문자

L l L l

엘

대문자 소문자

M m M m

엠

대문자 소문자

N n N n

엔

대문자 소문자

O o O o

오

대문자 소문자

P p P p

피

대문자 소문자

Q q Q q

큐

대문자 소문자

R r R r

알

대문자 소문자

S s S s

에쓰

대문자 소문자

T t T t

티

대문자 소문자

U u U u

유

대문자 소문자

V v V v

브이

대문자 소문자

W w W w

더블유

대문자 소문자

X x X x

엑스

대문자 소문자

Y y Y y

와이

대문자 소문자

Z z Z z

지(제트)

DAY
05

강의 보기

필기체 써보기

이번엔 영어 필기체를 익혀 봅시다. 필기체란 글자를 손으로 쓰는 방식을 말하는데요, 영어의 필기체는 특이하게 A부터 Z까지 글자를 끊지 않고 한번에 이어서 쓸 수 있도록 고안되었기 때문에, 모양이 마치 그림처럼 꼬불꼬불 어렵게 생겼어요. 아래 필기체를 따라 써보면서 한번 익혀 보세요!

예시

❶ → ❷ → 이어서 쓰기

✱ 참고 | 필기체는 대부분의 글자를 한번에 이어서 써야 하는데요, 우리에게는 마치 그림을 따라 그리는 것과 같이 어렵답니다. 그래서 위 예시처럼 필기체를 쓰는 과정을 하나씩 따로 표현했어요. 각 과정을 따라 써보고 마지막엔 그 과정을 하나로 이어서 써보세요!

대문자

소문자

에이

대문자

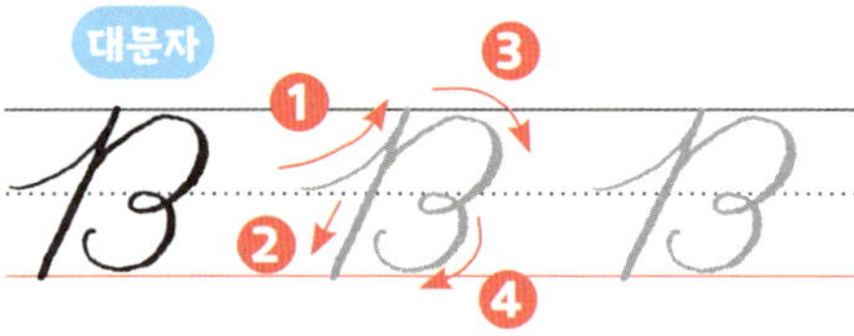

소문자

비

대문자

소문자

씨

대문자

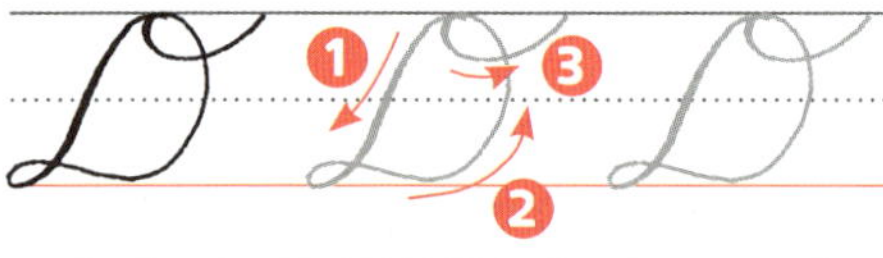

소문자

디

대문자 소문자

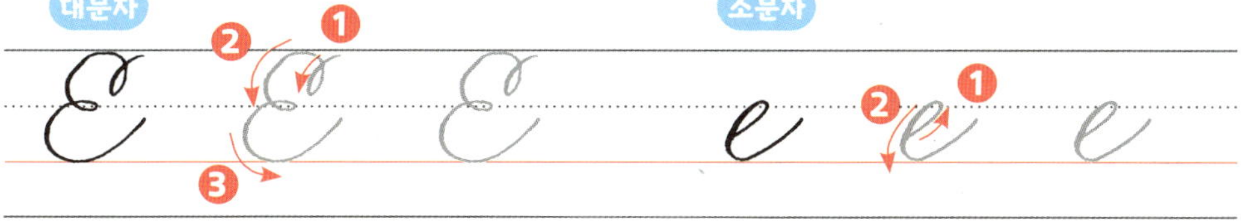

이

대문자 소문자

에프

대문자 소문자

쥐

대문자 소문자

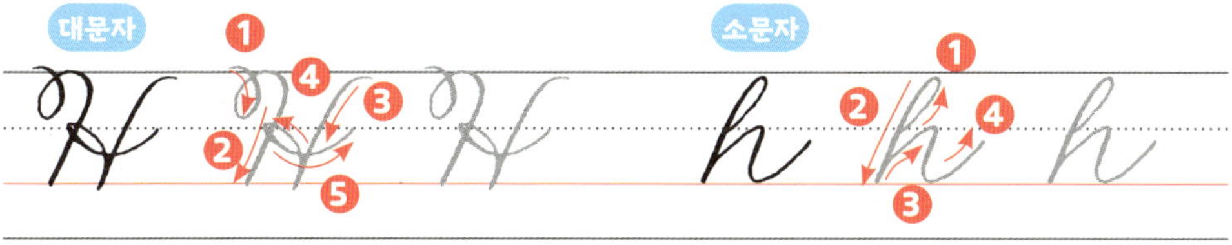

에이치

대문자 소문자

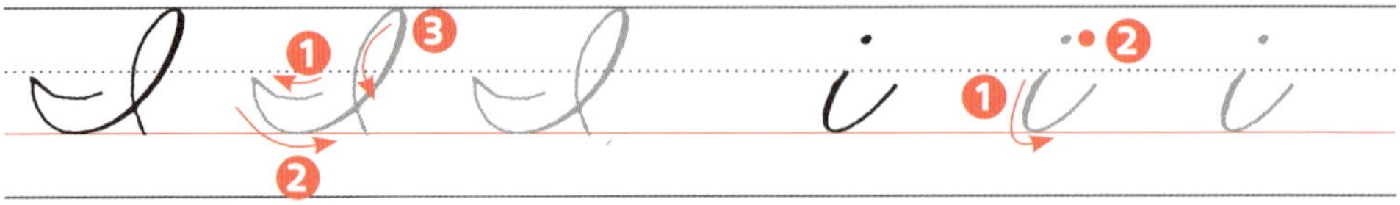

아이

대문자 소문자

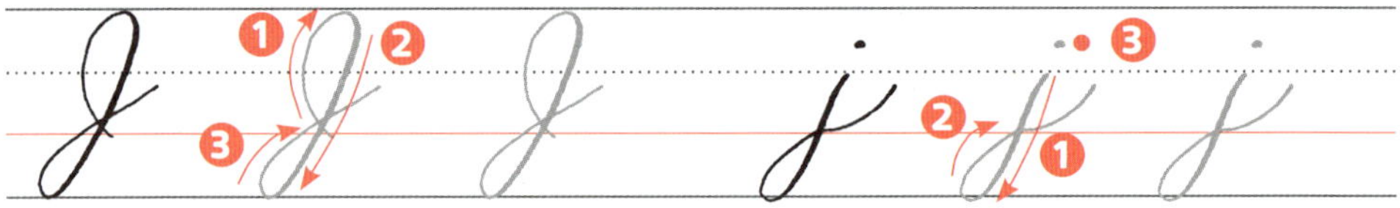

제이

대문자 소문자

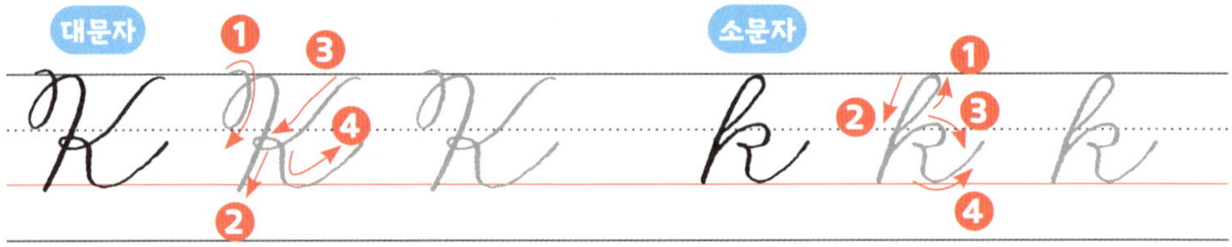

케이

대문자 소문자

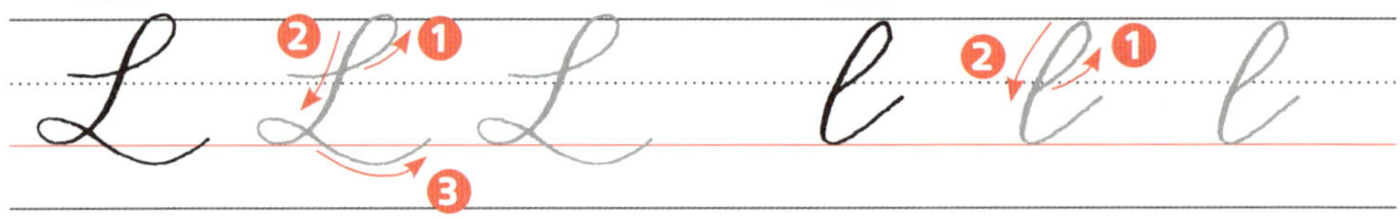

엘

대문자 소문자

엠

대문자 소문자

엔

대문자 소문자

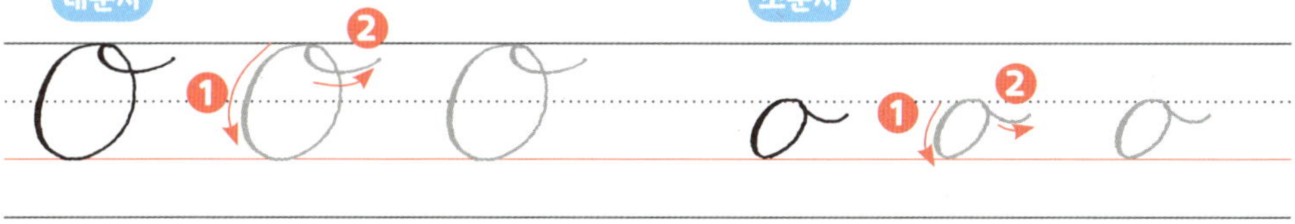

오

대문자 소문자

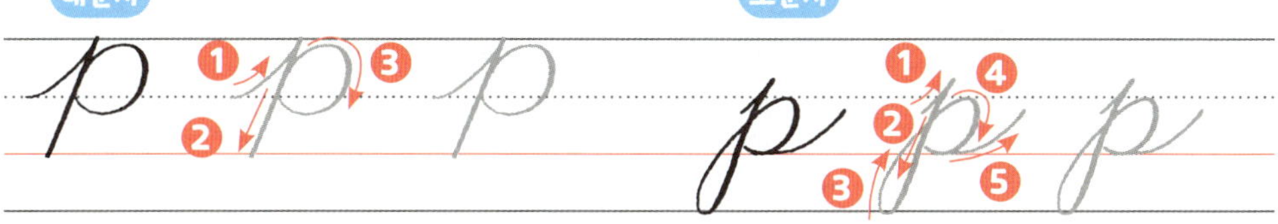

피

대문자 Q

소문자 q

큐

대문자 R

소문자 r

알

대문자 S

소문자 s

에쓰

대문자 T

소문자 t

티

대문자 소문자

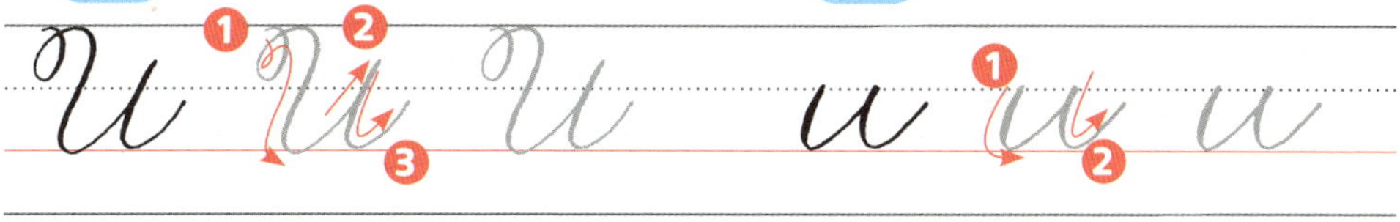

유

대문자 소문자

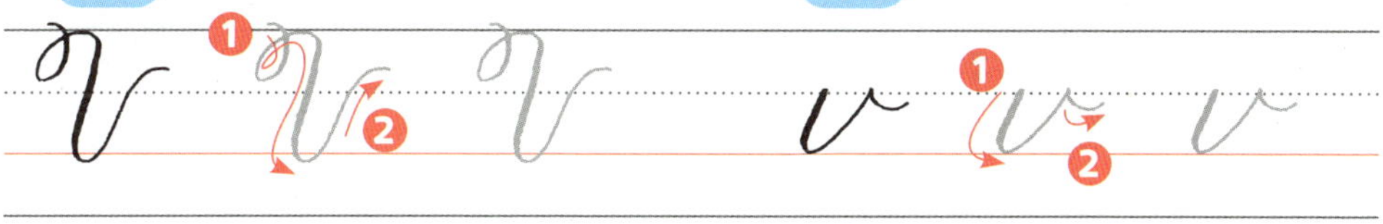

브이

대문자 소문자

더블유

대문자 소문자

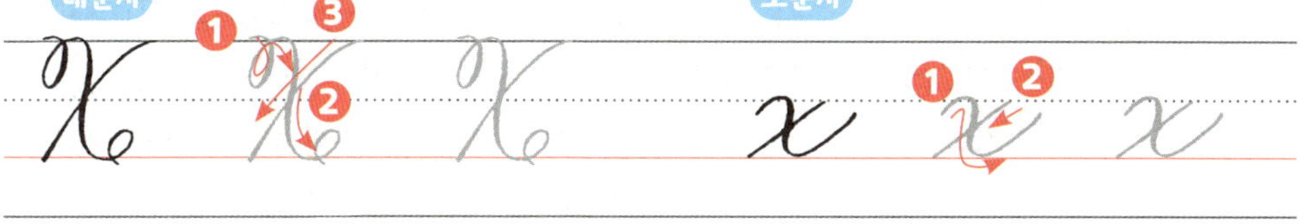

엑스

대문자 소문자

와이

대문자 소문자

지(제트)

잠깐 쉬어가기

영어의 필기체, 꼭 다 외워야 하나요?

아니요, 그럴 필요는 없어요! 영어 필기체는 과거에 편지나 일기 등을 손으로 쓸 때 사용된 글자체로, 요즘에는 손으로 직접 쓰기보다는 컴퓨터와 같은 기기로 작성한 글을 보는 것이 일반화되어 있기 때문에, 접할 일이 일반 글자체보다 훨씬 적어요.
그렇다고 필기체를 전혀 쓰지 않는 것은 아니에요! 필기체를 배워 놓는다면 필기체로 적힌 영어 문구를 봐도 당황하지 않을 수 있답니다.

DAY 06

강의 보기

어떻게 소리내는지 알아봐요! A, B, C, D, E

글자를 익혔으니 이제 소리를 익혀볼까요? 한글을 먼저 생각해 볼게요. ㄱ(기역)을 보면 어떻게 읽으시나요? 보통은 '그'하고 읽을 거예요. ㄱ의 이름은 '기역'이지만 소리는 '그'입니다. 그럼 영어는 어떨까요? a는 '에이'라는 이름을 가지고 있지만 소리는 '애'하고 읽어줍니다.

핵심 정리 ①

	문자	이름	소리
한글	ㄱ	기역	그
영어	A/a	에이	애

알파벳 또한 우리말처럼 문자마다 각각의 소리를 가지고 있어요. 하지만 우리말과 달리 **영어는 문자 하나가 여러 개의 소리**를 가지는 경우가 많아요. 이 점 명심하면서 알파벳의 소리를 알아볼까요?

핵심 정리 ❷

알파벳	소리	단어 예시
A a 에이	**ㅐ** (애)	**a**pple 발음 **애플** 뜻 사과
B b 비	**ㅂ**	**b**us 발음 **버쓰** 뜻 버스
C c 씨	소리 ① **ㅋ**	**c**at 발음 **캐트** 뜻 고양이

알파벳	소리	단어 예시
C c 씨	소리 ② ㅆ	city 발음 씨티 뜻 도시 ▶ c 다음에 e / i / y가 오면 c는 'ㅆ'로 읽어요. 예시 cent 쎈트 (동전 단위) city 씨티 (도시) cycle 싸이클 (자전거)
D d 디	ㄷ	dog 발음 더어그 뜻 개
E e 이	ㅔ (에)	egg 발음 에그 뜻 달걀

알파벳 소리

알파벳 A~E의 소리를 연습해 봐요.

a

	개미	물어보다
	a n t	a s k
	애 ㄴ ㅌ	_ ㅆ ㅋ
발음	앤트	애쓰크

ant ant ask ask

b

	나쁜	벌레
	b a d	b u g
	ㅂ ㅐ ㄷ	_ ㅓ ㄱ
발음	배드	버그

bad bad bug bug

c

컵

c u p

ㅋ ㅓ ㅍ

발음 커프

도시

c i t y

ㅣ ㅌ ㅣ

발음 씨티

cup cup city city

d

아빠

d a d

ㄷ ㅐ ㄷ

발음 대드

책상

d e s k

ㅔ ㅆ ㅋ

발음 데쓰크

dad dad desk desk

e

침대

b e d

ㅂ ㅔ ㄷ

다리

l e g

ㄹ ㅔ ㄱ

발음 베드 레그

bed bed leg leg

DAY 07

강의 보기

어떻게 소리내는지 알아봐요!
F, G, H, I, J

알파벳	소리	단어 예시
F f 에프	ㅍ (아랫 입술을 물고 'ㅍ~'하고 바람 소리를 냅니다.)	food 발음 푸우드 뜻 음식
G g 쥐	소리 ① ㄱ	gum 발음 검 뜻 껌

<table>
<tr><th>알파벳</th><th>소리</th><th>단어 예시</th></tr>
<tr><td rowspan="2">G g
쥐</td><td rowspan="2">소리 ②
쥬</td><td>gym
발음 쥠
뜻 헬스장, 체육관</td></tr>
<tr><td>▶ g 다음에 e / i / y가 오면 g는 '쥬'로 읽어요.
예시
gem 쥄 (보석)
giraffe 쥐뤠프 (기린)
gym 쥠 (헬스장, 체육관)</td></tr>
<tr><td>H h
에이치</td><td>ㅎ</td><td>hotel
발음 호우텔
뜻 호텔</td></tr>
</table>

알파벳	소리	단어 예시
I i 아이	I (이)	ink 발음 잉크 뜻 잉크
J j 제이	쥬	jam 발음 쥄 뜻 잼

알파벳 소리 | 알파벳 F~J의 소리를 연습해 봐요.

f

	뚱뚱한	재미
	f a t	f u n
	ㅍ ㅐ ㅌ	ㅓ ㄴ
발음	패트	펀

fat fat fun fun

g

	껌	돼지
	g u m	p i g
	ㄱ ㅓ ㅁ	ㅍ ㅣ
발음	검	피그

gum gum pig pig

h

모자

h a t

ㅎ ㅐ ㅌ

발음 해트

엉덩이

h i p

ㅣ ㅍ

발음 히프

hat hat hip hip

i

입술

l i p

ㄹ ㅣ ㅍ

발음 리프

피부

s k i n

ㅅ ㅋ ㄴ

발음 스킨

lip lip skin skin

j

제트기

j e t

쥬 ㅔ ㅌ

직업

j o b

_ ㅏ ㅂ

발음 줴트 좌브

jet jet job job

✱ 참고 | 원래는 '주 + ㅏ + ㅂ' 해서 '주 아 ㅂ'라고 적어줘야 하지만 우리말에는 '주ㅏ'라는 글자가 없어요. 그 대신 '좌'라고 '쥬'의 'ㅠ'를 'ㅜ'로 발음해 주면 비슷한 소리가 난답니다.

DAY 08

강의 보기

어떻게 소리내는지 알아봐요! K, L, M, N, O, P

알파벳	소리	단어 예시
K k 케이	ㅋ	kiwi 발음 키위 뜻 키위
L l 엘	ㄹ	lip 발음 리프 뜻 입술

알파벳	소리	단어 예시
M m 엠	**ㅁ**	**man** 발음 **맨** 뜻 남자
N n 엔	**ㄴ**	**net** 발음 **네트** 뜻 그물, 망
O o 오	**ㅏ** (아)	**ox** 발음 **악쓰** 뜻 황소
P p 피	**ㅍ**	**pen** 발음 **펜** 뜻 펜

알파벳 소리

알파벳 K~P의 소리를 연습해 봐요.

k

아이
k i d
ㅋ ㅣ ㄷ

스키
s k i
스 _ ㅣ

발음 키드 스키

kid kid ski ski

l

뚜껑
l i d
ㄹ ㅣ ㄷ

전등
l a m p
_ ㅐ ㅁ ㅍ

발음 리드 램프

lid lid lamp lamp

m

엄마

m o m

ㅁ ㅏ ㅁ

발음 맘

지도

m a p

ㅐ ㅍ

발음 매프

mom mom map map

n

견과

n u t

ㄴ ㅓ ㅌ

발음 너트

~이 아니다

n o t

ㅏ ㅌ

발음 나트

nut nut not not

o

정상

t o p

ㅌ ㅏ ㅍ

발음 타프

뜨거운

h o t

ㅎ _ ㅌ

발음 하트

top top hot hot

p

냄비

p o t

ㅍ ㅏ ㅌ

발음 파트

핀

p i n

_ ㅣ ㄴ

발음 핀

pot pot pin pin

강의 보기

DAY 09

어떻게 소리내는지 알아봐요!
Q, R, S, T, U, V

알파벳	소리	단어 예시
Q q 큐	ㅋ	quiz 발음 쿠이즈 뜻 퀴즈
R r 알	(우) ㄹ	red 발음 뤠드 뜻 빨강

알파벳	소리	단어 예시
S s 에쓰	ㅆ	**s**un 발음 **썬** 뜻 해
T t 티	ㅌ	**t**axi 발음 **택씨** 뜻 택시
U u 유	ㅓ (어)	**u**p 발음 **어프** 뜻 위로
V v 브이	ㅂ (아랫입술을 물고 '브~'하고 진동 소리를 냅니다.)	**v**an 발음 **밴** 뜻 승합차

알파벳 소리 | 알파벳 Q~V의 소리를 연습해 봐요.

q

	그만두다	물
	q u i t	a q u a
	ㅋ ㅜ ㅣ ㅌ	애 _ ㅜ 어
발음	퀴트	애쿠어

quit quit aqua aqua

✱ 참고 | 단어의 마지막 a는 우리가 앞에서 본 '애' 소리가 아니라 예외로 '어' 소리로 발음해 줘요.

r

달리다

r u n

(우)ㄹ ㅓ ㄴ

발음 (우)뤈

문지르다

r u b

ㅓ ㅂ

발음 (우)뤄브

run run rub rub

s

숫자 6

s i x

ㅆ ㅣ ㅋㅆ

발음 씩쓰

세트

s e t

ㅔ ㅌ

발음 쎄트

six six set set

t

숫자 10

t e n

ㅌ ㅔ ㄴ

발음 텐

팁(봉사료)

t i p

ㅌ ㅣ ㅍ

발음 티프

ten ten tip tip

u

자르다

c u t

ㅋ ㅓ ㅌ

발음 커트

진흙

m u d

ㅁ ㅓ ㄷ

발음 머드

cut cut mud mud

V

	수의사	조끼
	v e t	v e s t
	ㅂ ㅔ ㅌ	ㅔ ㅅ ㅌ
발음	베트	베스트

vet vet vest vest

강의 보기

DAY 10

어떻게 소리내는지 알아봐요!
W, X, Y, Z

알파벳	소리	단어 예시
W w 더블유	**우**	**w**ind 발음 **윈**드 뜻 바람
X x 엑쓰	소리 ① **ㅋㅆ** (X가 단어 중간이나 맨 뒤에 올 때)	bo**x** 발음 **박쓰** 뜻 박스

알파벳	소리	단어 예시
X x 엑쓰	소리 ② **ㅈ** (X가 단어 맨 앞에 올 때)	**x**ylitol 발음 **자**일리톨 뜻 자일리톨
Y y 와이	**이**	**y**es 발음 **예**쓰 뜻 네
Z z 지 (제트)	**ㅈ** (이 사이로 '즈~ '하고 진동 소리를 냅니다.)	**z**oo 발음 **주**우 뜻 동물원

알파벳 소리

알파벳 W~Z의 소리를 연습해 봐요.

W

가발	젖은
w i g	w e t
우 ㅣ ㄱ	_ ㅔ ㅌ
발음 위그	웨트

wig wig wet wet

X

여우	세금
f o x	t a x
ㅍ ㅏ ㅋㅆ	ㅌ ㅐ _
발음 팍쓰	택쓰

fox fox tax tax

y

참마

y a m

이 ㅐ ㅁ

몸

b o d y

ㅂ ㅏ ㄷ

발음 얨 바디

yam yam body body

✱ **참고** | z 두 개가 나란히 있어서 zz가 되면 어떤 소리가 될까요? 'ㅈ + ㅈ'니까 'ㅉ'? 아니에요. z가 zz가 되어도 소리는 그대로 z 하나인 것처럼 'ㅈ'랍니다.

z

지퍼

z i p

ㅈ ㅣ ㅍ

재즈

j a z z

쥬 ㅐ

발음 지프 쥊즈

zip zip jazz jazz

단어 읽어보기

앞에서 배운 대로 다음 영어 단어를 읽어보고 어떤 발음인지 옆에 한글로 써보세요.

단어	뜻	소리
sun	해	썬
cat	고양이	캐트
box	상자	박쓰
desk	책상	데스크
milk	우유	밀크

다 맞히셨나요? 어려우셨다고요? 걱정하지 마세요! 다음 장에서 우리가 방금 배운 알파벳을 조합해서 단어 읽는 법을 본격적으로 배워 볼게요.

DAY 11

강의 보기

3글자 영어 단어 읽기

단어는 기본적으로 자음과 모음을 조합해서 만들어요.

예시

자음	ㄱ ㄴ ㄷ ㄹ ㅁ ㅂ ㅅ ㅇ ㅈ ㅊ ㅋ ㅌ ㅍ ㅎ
모음	ㅏ ㅑ ㅓ ㅕ ㅗ ㅛ ㅜ ㅠ ㅡ ㅣ

예를 들어, '해'는 자음 'ㅎ'과 모음 'ㅐ'를 조합해서 만든 단어예요.

예시

해 = ㅎ + ㅐ

단어 자음 모음

영어 글자, 즉 알파벳에도 자음과 모음이 있어요.

핵심 정리

자음	b c d f g h j k l m n p q r s t v w x y z
모음	a e i o u

영어에는 모음이 a, e, i, o, u 이렇게 딱 5개예요. 10개인 우리말보다 반밖에 안되는 5개여서, 모음 하나에 소리가 여러 개일 수밖에 없어요.

우리말과 마찬가지로 영어도 자음과 모음을 조합하면 영어 단어를 만들 수 있어요.

예시

sun = s + u + n

단어 자음 모음 자음

예를 들어, 영어 단어 sun(해)은 자음 s와 모음 u, 그리고 자음 n를 조합해서 만든 단어예요.

이렇게 자음과 모음을 조합하여 만든 단어에 각 글자가 가진 소리를 대입하면 단어를 읽을 수 있어요.

예시

sun	=	s	+	u	+	n
단어		자음		모음		자음
썬		ㅆ		ㅓ		ㄴ

S는 'ㅆ', u는 'ㅓ', n은 'ㄴ' 소리를 가졌으므로 sun이라는 단어는 '썬' 이라고 읽어요. 실제로 한번 단어를 읽어보세요.

다음 표는 우리가 배운 알파벳 소리를 한눈에 볼 수 있도록 정리한 표예요. 이 표를 참고하여 단어들을 한번 읽어보세요.

핵심 정리 ❷ : 알파벳 한글 발음표

A	B	C	D	E	F	G	H	I
에이	비	씨	디	이	에프	쥐	에이치	아이
ㅐ	ㅂ	ㅆ ㅋ	ㄷ	ㅔ	ㅍ~	쥬 ㄱ	ㅎ	ㅣ
J	**K**	**L**	**M**	**N**	**O**	**P**	**Q**	**R**
제이	케이	엘	엠	엔	오	피	큐	알
쥬	ㅋ	ㄹ	ㅁ	ㄴ	ㅏ	ㅍ	ㅋ	(우) ㄹ
S	**T**	**U**	**V**	**W**	**X**	**Y**	**Z**	
에쓰	티	유	브이	더블유	엑스	와이	지 (제트)	
ㅆ	ㅌ	ㅓ	ㅂ~	우	ㅋㅆ ㅈ	이	ㅈ~	

3글자 읽기

단계별로 소리를 적고 발음을 찾아 단어를 읽어보세요.

1단계 **한 글자씩 읽어보기 :** 네모칸에 각 알파벳에 해당하는 소리를 적어, 영어 단어의 발음을 완성해 보세요.

글자	소리	발음
g	ㄱ	
ga	ㄱ + ㅐ = 개	
gas	ㄱ + ㅐ + ㅆ	= 개쓰

가스

글자	소리	발음
b	☐	
be	☐ + ☐ = ☐	
bed	☐ + ☐ + ☐	= ☐

침대

글자	소리	발음
h	□	
hi	□ + □ = □	
hip	□ + □ + □ =	□

엉덩이

글자	소리	발음
p	□	
po	□ + □ = □	
pot	□ + □ + □ =	□

냄비

글자	소리	발음
f	□	
fu	□ + □ = □	
fun	□ + □ + □ =	□

재미

정답

아래 정답을 확인해 보세요. 틀린 부분이 있다면 알파벳 공부(57, 65, 69페이지)로 돌아가서 헷갈린 글자를 다시 한번 확인해 보세요.

글자	소리	발음
g	ㄱ	
ga	ㄱ + ㅐ = 개	
gas	ㄱ + ㅐ + ㅆ =	개쓰

가스

글자	소리	발음
b	ㅂ	
be	ㅂ + ㅔ = 베	
bed	ㅂ + ㅔ + ㄷ =	베드

침대

글자	소리	발음
h	ㅎ	
hi	ㅎ + ㅣ = 히	
hip	ㅎ + ㅣ + ㅍ =	히프

엉덩이

p	ㅍ	
po	ㅍ + ㅏ = 파	
pot	ㅍ + ㅏ + ㅌ =	파트

냄비

f	ㅍ	
fu	ㅍ + ㅓ = 퍼	
fun	ㅍ + ㅓ + ㄴ =	펀

재미

2 단계 **알맞은 발음 찾기 :** 제시된 보기에서 단어를 가장 알맞게 읽은 발음을 찾아 동그라미 해보세요.

단어	보기		
hat 모자	재프	해트	하트
red 빨강	뤠드	레브	리브
pig 돼지	비그	피그	피쥬
top 정상	하프	토프	타프
gun 총	쿤	검	건

정답

아래 정답을 확인해 보세요. 88페이지 [알파벳 한글 발음표]를 참고하여 헷갈린 글자를 다시 한번 확인해 보세요.

단어	보기		
hat 모자	재프	**해트** (정답)	하트
red 빨강	**뤠드** (정답)	레브	리브
pig 돼지	비그	**피그** (정답)	피쥬
top 정상	하프	토프	**타프** (정답)
gun 총	쿤	검	**건** (정답)

3 단계 **소리 조합하기 :** 다음 단어들을 아래 첫 번째 예시처럼 각 알파벳이 가진 소리를 조합하여 한번 읽어보세요.

단어	발음	뜻
b a g 소리 ㅂ ㅐ ㄱ	배그	가방
c a t 소리		고양이
p e n 소리		펜
l i p 소리		입술
b o x 소리		상자
s u n 소리		해

정답

아래 정답을 확인해 보세요.

단어	발음	뜻
소리 bag ㅂ ㅐ ㄱ	배그	가방
소리 cat ㅋ ㅐ ㅌ	캐트	고양이
소리 pen ㅍ ㅔ ㄴ	펜	펜
소리 lip ㄹ ㅣ ㅍ	리프	입술
소리 box ㅂ ㅏ ㅋㅆ	박쓰	상자
소리 sun ㅆ ㅓ ㄴ	썬	해

강의 보기

4글자 영어 단어 읽기

이번엔 4글자 영어 단어를 읽어봅시다. 방법은 3글자 단어를 읽는 것과 같아요. 각각의 알파벳이 가진 소리를 순서대로 조합해서 읽으면 돼요.

예시

mask = m + a + s + k

단어	자음	모음	자음	자음
매쓰크	ㅁ	ㅐ	ㅆ	ㅋ

단, 주의할 점이 두 가지 있어요.

1 단어 안에 모음(a, e, i, o, u)이 하나만 있을 때, 그 모음 바로 앞에 있는 자음과 모음을 합쳐서 읽어야 해요. 위 예시

를 보면, 맨 앞에 자음 m와 모음 a가 연이어 나왔죠? 그럼 이 둘을 합쳐서 '매'로 읽어요. 그리고 또 중요한 점! 바로 이 모음이 들어간 부분, 즉 ma '매'를 다른 부분보다 더 세게 읽어줘야 해요. 글자로 나타내면 '매쓰크'하고 '매'를 가장 세고 크게, '쓰크'는 약하고 작게 발음해 주는 거죠.

다른 예시를 하나 더 볼게요.

예시

stop	=	s	+	t	+	o	+	p
단어		자음		자음		모음		자음
쓰타프		ㅆ		ㅌ		ㅏ		ㅍ

이번엔 모음인 'o'가 세 번째 자리에 왔어요. 그래도 원리는 같아요. 모음 바로 앞에 자음 t의 'ㅌ'소리와 모음 o의 'ㅏ'소리를 합쳐서 '타'로 읽어줘요. 그리고 이 '타'를 다른 '쓰'나 '프'보다 세게 읽어줘야 해요. 글자로 '쓰타프'의 느낌에 가까워요.

❷ m, n, l(엘)이 모음 뒤에 오면, 받침처럼 발음해야 자연스러워요. 예시를 볼게요.

예시

belt = b + e + l + t

단어	자음	모음	자음	자음
벨트	ㅂ	ㅔ	ㄹ	ㅌ

여기서 모음 e 다음에 자음 l(엘)이 왔어요. 이때 l(엘)은 '르'보다는 ㄹ받침으로 소리 내야 자연스러워요. 즉, be '베'에 ㄹ받침을 붙여서 '벨'하고 읽어주는 거죠.

이 두 가지 주의 사항을 기억하면서 4글자 단어 읽기 연습을 시작해볼까요?

4글자 읽기

단계별로 소리를 적고 발음을 찾아 단어를 읽어보세요.

1단계 **한 글자씩 읽어보기 :** 네모칸에 각 알파벳에 해당하는 소리를 적어, 영어 단어의 발음을 완성해 보세요.

글자	소리	발음
m	ㅁ	
ma	ㅁ + ㅐ = 매	
mas	ㅁ + ㅐ + ㅆ = 매쓰	
mask	ㅁ + ㅐ + ㅆ + ㅋ =	매쓰크

마스크

글자	소리	발음
l	☐	
li	☐ + ☐ = ☐	
lis	☐ + ☐ + ☐ = ☐	
list	☐ + ☐ + ☐ + ☐ =	☐

목록

글자	소리	발음
b	□	
be	□ + □ = □	
bel	□ + □ + □ = □	
belt	□ + □ + □ + □ = □	

벨트

j	□	
ju	□ + □ = □	
jum	□ + □ + □ = □	
jump	□ + □ + □ + □ = □	

점프

s	□	
st	□ + □ = □	
sto	□ + □ + □ = □	
stop	□ + □ + □ + □ = □	

정지

정답

아래 정답을 확인해 보세요. 틀린 부분이 있다면 알파벳 공부(57, 63, 69, 74페이지)로 돌아가서 헷갈린 글자를 다시 한번 확인해 보세요.

글자	소리	발음
m	ㅁ	
ma	ㅁ + ㅐ = 매	
mas	ㅁ + ㅐ + ㅆ = 매쓰	
mask	ㅁ + ㅐ + ㅆ + ㅋ = 매쓰크	

마스크

글자	소리	발음
l	ㄹ	
li	ㄹ + ㅣ = 리	
lis	ㄹ + ㅣ + ㅆ = 리쓰	
list	ㄹ + ㅣ + ㅆ + ㅌ = 리스트	

목록

글자	소리	발음
b	ㅂ	
be	ㅂ + ㅔ =	베
bel	ㅂ + ㅔ + ㄹ =	벨
belt	ㅂ + ㅔ + ㄹ + ㅌ =	벨트

벨트

글자	소리	발음
j	쥬	
ju	쥬 + ㅓ =	줘
jum	쥬 + ㅓ + ㅁ =	줨
jump	쥬 + ㅓ + ㅁ + ㅍ =	줨프

점프

글자	소리	발음
s	ㅆ	
st	ㅆ + ㅌ =	쓰트
sto	ㅆ + ㅌ + ㅏ =	쓰타
stop	ㅆ + ㅌ + ㅏ + ㅍ =	쓰타프

정지

2 단계 **알맞은 발음 찾기 :** 제시된 보기에서 단어를 가장 알맞게 읽은 발음을 찾아 동그라미 해보세요.

단어	보기		
lamp 전등	램프	랜프	이앤프
vest 조끼	웨스프	웨스트	베스트
skin 피부	스킨	스킴	스켐
pond 연못	폰드	판드	판브
drum 드럼	브룸	드뤔	드룸

정답

아래 정답을 확인해 보세요. 88페이지 [알파벳 한글 발음표]를 참고하여 헷갈린 글자를 다시 한번 확인해 보세요.

단어	보기		
lamp 전등	**(램프)**	랜프	이앤프
vest 조끼	웨스프	웨스트	**(베스트)**
skin 피부	**(스킨)**	스킴	스켐
pond 연못	폰드	**(판드)**	판브
drum 드럼	브룸	**(드뤔)**	드룸

3 단계 **소리 조합하기 :** 다음 단어들을 아래 첫 번째 예시처럼 각 알파벳이 가진 소리를 조합하여 한번 읽어보세요.

단어	발음	뜻
taxi 소리 ㅌ ㅐ ㅋㅆ ㅣ	택씨	택시
sand 소리		모래
desk 소리		책상
milk 소리		우유
drop 소리		방울
dust 소리		먼지

정답

아래 정답을 확인해 보세요.

단어	발음	뜻
taxi 소리 ㅌ ㅐ ㅋㅆ ㅣ	택씨	택시
sand 소리 ㅆ ㅐ ㄴ ㄷ	쌘드	모래
desk 소리 ㄷ ㅔ ㅆ ㅋ	데쓰크	책상
milk 소리 ㅁ ㅣ ㄹ ㅋ	밀크	우유
drop 소리 ㄷ ㄹ ㅏ ㅍ	드롸프	방울
dust 소리 ㄷ ㅓ ㅆ ㅌ	더쓰트	먼지

단어 복습하기

예시

bag bag bag bag

가방 배그

3글자 단어

1 gas

가스 개쓰

❷ bed

침대 베드

❸ hip

엉덩이 히프

❹ pot

냄비 파트

❺ fun

재미 펀

❻ red

빨강 뤠드

7 pig

돼지 피그

8 top

정상 타프

9 gun

총 건

10 hat

모자 해트

11 cat

고양이 캐트

⑫ pen

볼펜 펜

⑬ lip

입술 리프

⑭ box

상자 박쓰(박쓰)

⑮ sun

해 썬

⑯ big

큰 비그

17 fan

선풍기 (입술물고) 팬

18 pan

후라이팬 팬

4글자 단어

19 mask

마스크 매쓰크

20 belt

벨트 벨트

21 list

목록 리스트

22 stop

정지 쓰타프

23 jump

점프 줨프

24 lamp

전등 램프

25 vest

조끼 베스트

26 skin

피부 스킨

27 pond

연못 판드

28 drum

드럼 드뤔

29 taxi

택시 택씨(탴씨)

30 sand

모래 쌘드

31 desk

책상 데쓰크

32 milk

우유 밀크

33 drop

방울 드롸프

34 dust

먼지 더쓰트

35 hand

손 핸드

36 many

많은 매니

37 land

땅 랜드

38 next

다음 넥쓰트

DAY 13

강의 보기

한글로 3글자 영어 써보기

이번엔 반대로 글자의 소리를 이용하여 원하는 단어를 영어로 적을 수 있어요. 앞에서 배운 단어들을 이번엔 영어로 바꿔볼까요? 해는 영어로 '썬'이라고 읽는다고 배웠어요. 자, 영어로 한번 바꿔서 써볼게요.

예시

썬 = ㅆ + ㅓ + ㄴ

s u n = sun

해

'ㅆ' 소리가 나는 s, 'ㅓ' 소리가 나는 u, 'ㄴ' 소리가 나는 n을 조합해서 sun '썬'이라는 단어를 써볼 수 있어요.

여기서 주의할 점! sun처럼 영어와 우리말이 항상 1:1로 딱 맞아 떨어지진 않아요. 예를 들어, 'ㅂ'을 영어로 표기할 땐 b(비)를 쓸 수도 있고, v(브이)를 쓸 수도 있어요. '밴'이라는 소리를 영어로 쓰고 싶을 때, ban을 쓸 수도 있고, van으로 쓸 수도 있는 거죠.

예시

밴 = ㅂ + ㅐ + ㄴ

b 또는 v a n = ban / van

금지 / 승합차

각각의 단어는 꼭 철자에 유의하여 단어와 소리를 매칭하면서 공부하는 게 좋아요.

3글자 쓰기

단계별로 한글을 보고 영어를 써보세요.

1단계 **한 글자씩 써보기 :** 네모칸에 각 소리에 해당하는 알파벳을 적어, 영어 단어를 완성해 보세요.

소리	글자	단어
ㅎ	h	
ㅎ ㅐ	h + a	= ha
ㅎ ㅐ ㅌ	h + a + t	= hat

모자

소리	글자	단어
(우) ㄹ		
(우) ㄹ ㅔ	+	=
(우) ㄹ ㅔ ㄷ	+ +	=

빨강

소리	글자	단어
ㅍ	□	
ㅍ ㅣ	□ + □ = □	
ㅍ ㅣ ㄱ	□ + □ + □ = □	

돼지

ㅌ	□	
ㅌ ㅏ	□ + □ = □	
ㅌ ㅏ ㅍ	□ + □ + □ = □	

정상

ㄱ	□	
ㄱ ㅓ	□ + □ = □	
ㄱ ㅓ ㄴ	□ + □ + □ = □	

총

정답

아래 정답을 확인해 보세요. 틀린 부분이 있다면 알파벳 공부(63, 69, 74페이지)로 돌아가서 헷갈린 글자를 다시 한번 확인해 보세요.

소리	글자	단어
ㅎ	h	
ㅎ ㅐ	h + a =	ha
ㅎ ㅐ ㅌ	h + a + t =	hat

모자

소리	글자	단어
(우) ㄹ	r	
(우) ㄹ ㅔ	r + e =	re
(우) ㄹ ㅔ ㄷ	r + e + d =	red

빨강

소리	글자	단어
ㅍ	p	
ㅍ ㅣ	p + i =	pi
ㅍ ㅣ ㄱ	p + i + g =	pig

돼지

잠깐 쉬어가기

'ㅍ'은 p로 쓸까, f로 쓸까?

'ㅍ' 소리에 해당하는 알파벳은 두 개가 있어요. 하나는 p, 또 하나는 f예요. 실제로 발음할 때 두 소리는 달라요. p는 입술을 붙였다가 떼는 'ㅍ' 소리, f는 아랫입술을 문 상태에서 바람소리가 내주는 'ㅍ' 소리예요. 하지만 '피그'라고 발음되는 영어 단어는 '돼지'란 뜻의 pig 하나예요.

소리	글자	단어
ㅌ	t	
ㅌㅏ	t + o =	to
ㅌㅏㅍ	t + o + p =	top

정상

소리	글자	단어
ㄱ	g	
ㄱㅓ	g + u =	gu
ㄱㅓㄴ	g + u + n =	gun

총

잠깐 쉬어가기

n은 언제 ㄴ받침이 될까?

gun '건'처럼 단어가 n으로 끝나면 n의 'ㄴ' 소리는 ㄴ 받침으로 읽어줘요.

2 단계 **알맞은 영어 단어 찾기 :** 각 단어의 뜻을 참고하여 발음에 해당하는 알맞은 영어 단어를 보기에서 찾아 동그라미 해보세요.

발음	보기		
캐트 고양이	cat	cet	ket
펜 볼펜	fen	pen	pan
리프 입술	lip	lif	lef
박쓰 상자	pox	box	bos
썬 해	xun	sum	sun

정답

아래 정답을 확인해 보세요. 88페이지 [알파벳 한글 발음표]를 참고하여 헷갈린 글자를 다시 한번 확인해 보세요.

단어	보기		
캐트 고양이	**cat**	cet	ket
펜 볼펜	fen	**pen**	pan
리프 입술	**lip**	lif	lef
박쓰 상자	pox	**box**	bos
썬 해	xun	sum	**sun**

잠깐 쉬어가기

'ㅋ'는 c로 쓸까, k로 쓸까?

'ㅋ' 소리에 해당하는 알파벳은 두 개가 있어요. 바로 c와 k예요. 'ㅋ' 소리의 c와 k는 발음까지 완전히 똑같아서 더 헷갈려요. 이럴 땐 꼭 단어의 철자와 소리, 뜻을 함께 연결해서 공부해야 해요. 예를 들어, '캐트'라고 발음되는 영어 단어는 '고양이'란 뜻의 cat 하나예요. c 대신 k를 쓴 kat는 존재하지 않는 단어죠.

'캐트'의 '트'에서 왜 'ㅡ'는 영어로 쓰지 않지?

우선 cat의 발음을 한글로 쓰려면 'ㅋ+ㅐ+ㅌ' 해서 '캐ㅌ'가 돼요. 하지만 우리말에선 'ㅌ'를 혼자 쓰지 않죠? 그래서 'ㅌ' 혼자 쓰는 대신, 우리말 모음 '으(ㅡ)'를 넣어서 '캐트'라고 표기해줘요. 티(t) 뿐만 아니라 다른 알파벳들도 똑같이 적용할 수 있어요. 예를 들어 lip는 'ㄹ + ㅣ + ㅍ'죠? 그럼 '리ㅍ'가 되는데, 우리말 로는 틀린 표기가 돼요. 그래서 '으(ㅡ)'를 넣어 '리프'라고 표기한답니다.

3 단계 **발음을 보고 영어 단어로 써보기 :** 주어진 뜻을 참고하여 제시된 영어 발음을 아래 첫 번째 예시처럼 각 소리에 해당하는 알파벳으로 바꿔서 영어 단어를 적어 보세요.

발음	단어	뜻
배그	ㅂ ㅐ ㄱ 알파벳 b a g	가방
개쓰	ㄱ ㅐ ㅆ 알파벳	가스
베드	ㅂ ㅔ ㄷ 알파벳	침대
히프	ㅎ ㅣ ㅍ 알파벳	엉덩이
파트	ㅍ ㅏ ㅌ 알파벳	냄비
펀	ㅍ ㅓ ㄴ 알파벳	재미

정답

아래 정답을 확인해 보세요. 88페이지 [알파벳 한글 발음표]를 참고하여 틀린 글자를 다시 한번 확인해 보세요.

발음	단어	뜻
배그	ㅂ ㅐ ㄱ 알파벳 b a g	가방
개쓰	ㄱ ㅐ ㅆ 알파벳 g a s	가스
베드	ㅂ ㅔ ㄷ 알파벳 b e d	침대
히프	ㅎ ㅣ ㅍ 알파벳 h i p	엉덩이
파트	ㅍ ㅏ ㅌ 알파벳 p o t	냄비
펀	ㅍ ㅓ ㄴ 알파벳 f u n	재미

다시 한번 복습! 앞에서도 살펴봤듯이 'ㅍ'는 p로도, f로도 적을 수 있어요! 항상 단어 철자와 발음(소리), 뜻을 함께 외워야 어떤 알파벳을 적을지 알 수 있어요.

DAY 14

강의 보기

한글로 4글자 영어 써보기

이번엔 4글자 단어를 영어로 적어 볼 거예요. 방법은 앞에서 했던 3글자 영어 써보기와 같아요. 각 한글의 소리를 영어 알파벳으로 바꿔 적어보는 거예요.

예시

데쓰크 = ㄷ + ㅔ + 쓰 + ㅋ

d e s k = desk

책상

위 예시처럼 먼저 우리말 소리를 하나하나 나눠볼 수 있어요. '데쓰크'는 'ㄷ', 'ㅔ', 'ㅆ(쓰)', 'ㅋ(크)'로 나눌 수 있겠네요. 그럼 'ㄷ'에 해당하는 알파벳은 d로 바꿀 수 있고, 'ㅔ'에 해당하는 알파벳은 'ㅔ'로 바꿔 적을 수 있어요. 'ㅆ(쓰)'소리는 보통 s를 적고, 'ㅋ(크)'소리는 k로 적어요. 'ㅋ' 소리로 읽어주는 알파벳은 k, c, q가 있지만, 이 단어에서는 k로 적었어요. 왜냐하면 desc나 desq라는 단어는 없고, desk만이 실제로 존재하는 단어이기 때문이에요. 즉, 단어 철자가 맞는지는 이미 알고 있는 영어 단어이거나 사전을 찾아보고 알 수 있어요.

잠깐 쉬어가기

왜 위에서 '스'를 s로 바꿔 적을 때, 우리말 모음 'ㅡ(으)'에 해당하는 알파벳은 따로 적지 않았을까요? 다시 말해서, 왜 '스'를 그냥 'ㅅ'로만 적었을까요? 그 이유는 영어엔 우리말 '으'와 같은 소리가 없기 때문이에요. 즉 '으'에 해당하는 알파벳은 없어요. 그런데 s나 k같은 자음이 이렇게 모음 없이 혼자 있을 때, 그냥 'ㅅ'하고 시옷만, 'ㅋ'하고 키읔만 표시하면 외래어 표기법 규칙에 어긋나요. 'ㅡ'를 넣어서 '스'와 '크'로 표기해 준 것이에요. 그래서 영어로 바꿔적을 때는 'ㅡ' 발음은 생각하지 않아도 된답니다.

4글자 쓰기

단계별로 한글을 보고 영어를 써보세요.

1단계 한 글자씩 써보기 : 네모칸에 각 소리에 해당하는 알파벳을 적어, 영어 단어를 완성해 보세요.

소리	글자								단어
ㄷ	d								
ㄷㅔ	d	+	e	=	de				
ㄷㅔㅆ	d	+	e	+	s	=	des		
ㄷㅔㅆㅋ	d	+	e	+	s	+	k	=	desk

책상

소리	글자								단어
ㄷ									
ㄷㅓ		+		=					
ㄷㅓㅆ		+		+		=			
ㄷㅓㅆㅌ		+		+		+		=	

먼지

소리	글자	단어
ㅆ	□	
ㅆㅐ	□ + □ = □	
ㅆㅐㄴ	□ + □ + □ = □	
ㅆㅐㄴㄷ	□ + □ + □ + □ = □	

모래

소리	글자
ㅁ	□
ㅁㅣ	□ + □ = □
ㅁㅣㄹ	□ + □ + □ = □
ㅁㅣㄹㅋ	□ + □ + □ + □ = □

우유

소리	글자
ㄷ	□
ㄷ(우)ㄹ	□ + □ = □
ㄷ(우)ㄹㅏ	□ + □ + □ = □
ㄷ(우)ㄹㅏㅍ	□ + □ + □ + □ = □

방울

정답

아래 정답을 확인해 보세요. 틀린 부분이 있다면 알파벳 공부(57, 69, 74 페이지)로 돌아가서 헷갈린 글자를 다시 한번 확인해 보세요.

소리	글자	단어
ㄷ	d	
ㄷㅔ	d + e	= de
ㄷㅔㅆ	d + e + s	= des
ㄷㅔㅆㅋ	d + e + s + k	= desk

책상

소리	글자	단어
ㄷ	d	
ㄷㅓ	d + u	= du
ㄷㅓㅆ	d + u + s	= dus
ㄷㅓㅆㅌ	d + u + s + t	= dust

먼지

소리	글자	단어
ㅆ	s	
ㅆㅐ	s + a = sa	
ㅆㅐㄴ	s + a + n = san	
ㅆㅐㄴㄷ	s + a + n + d = sand	

모래

소리	글자
ㅁ	m
ㅁㅣ	m + i = mi
ㅁㅣㄹ	m + i + l = mil
ㅁㅣㄹㅋ	m + i + l + k = milk

우유

소리	글자
ㄷ	d
ㄷ(우)ㄹ	d + r = dr
ㄷ(우)ㄹㅏ	d + r + o = dro
ㄷ(우)ㄹㅏㅍ	d + r + o + p = drop

방울

2 단계 **알맞은 영어 단어 찾기 :** 각 단어의 뜻을 참고하여 발음에 해당하는 알맞은 영어 단어를 보기에서 찾아 동그라미 해보세요.

발음	보기		
매쓰크 마스크	nast	mask	mesp
벨트 벨트	balt	belt	pelt
리스트 목록	rift	rist	list
쓰타프 정지	spot	ctop	stop
줨프 점프	jump	jumf	junf

정답

아래 정답을 확인해 보세요. 88페이지 [알파벳 한글 발음표]를 참고하여 헷갈린 글자를 다시 한번 확인해 보세요.

단어	보기		
매쓰크 마스크	nast	**mask** (정답)	mesp
벨트 벨트	balt	**belt** (정답)	pelt
리스트 목록	rift	rist	**list** (정답)
쓰타프 정지	spot	ctop	**stop** (정답)
줨프 점프	**jump** (정답)	jumf	junf

잠깐 쉬어가기

'ㄹ'는 알(r)과 엘(l) 둘 중 무엇으로 쓸까?

'ㄹ' 소리에 해당하는 알파벳은 l과 r이지만 실제로 발음할 때 두 소리는 완전히 달라요. l은 혀를 입천장에 붙여서 발음하고, r은 혀를 입천장에 대지 않고 말아서 발음해요. 하지만 소리를 우리말로 표기한 것만 보면 헷갈리기 쉽기 때문에 항상 단어 철자와 뜻, 소리(발음)를 같이 외워 주세요!

3 단계 **발음을 보고 영어 단어로 써보기 :** 주어진 뜻을 참고하여 제시된 영어 발음을 아래 첫 번째 예시처럼 각 소리에 해당하는 알파벳으로 바꿔서 영어 단어를 적어 보세요.

발음	단어	뜻
탤씨	ㅌ ㅐ ㅋㅆ ㅣ 알파벳 t a x i	택시
램프	ㄹ ㅐ ㅁ ㅍ 알파벳	전등
베스트	ㅂ ㅔ ㅅ ㅌ 알파벳	조끼
스킨	ㅅ ㅋ ㅣ ㄴ 알파벳	피부
판드	ㅍ ㅏ ㄴ ㄷ 알파벳	연못
드뤔	ㄷ ㄹ ㅓ ㅁ 알파벳	드럼

정답

아래 정답을 확인해 보세요. 88페이지 [알파벳 한글 발음표]를 참고하여 틀린 글자를 다시 한번 확인해 보세요.

발음	단어	뜻
택씨	ㅌ ㅐ ㅋㅆ ㅣ 알파벳 t a x i	택시
램프	ㄹ ㅐ ㅁ ㅍ 알파벳 l a m p	전등
베스트	ㅂ ㅔ ㅅ ㅌ 알파벳 v e s t	조끼
스킨	ㅅ ㅋ ㅣ ㄴ 알파벳 s k i n	피부
판드	ㅍ ㅏ ㄴ ㄷ 알파벳 p o n d	연못
드뤔	ㄷ ㄹ ㅓ ㅁ 알파벳 d r u m	드럼

다시 한번 복습! 'ㄹ'는 알(r)로도, 엘(l)로도 적을 수 있어요! 항상 단어 철자와 발음(소리), 뜻을 함께 외워야 어떤 알파벳을 적을지 알 수 있어요.

잠깐 쉬어가기

'ㅂ'는 비(b)과 브이(v) 둘 중 무엇으로 쓸까?

'ㅂ'소리는 b와 v로 적을 수 있어요! 두 알파벳의 실제 발음은 다르지만 우리말 표기가 'ㅂ'으로 같아서 헷갈리기 쉬워요. 항상 단어 철자와 발음(소리), 뜻을 함께 외워 주세요!

DAY 15

강의 보기

내 이름을 영어로 써보기

이제 여러분의 이름을 영어로 써봅시다. 한국어 이름을 영어로 옮기는 건 사실 쉽지 않아요. 영어로 옮기기가 까다로운 우리말 소리들(ㅕ, ㅖ, ㅘ 등)이 이름에 많이 쓰이고, 성씨는 예전부터 관습적으로 굳어진 철자를 쓰기 때문이에요. 김씨를 'ㄱ' 소리인 G를 쓰지 않고 K를 써서 Kim으로 표기하는 게 대표적이에요.

핵심 정리

성씨	영문 표기	성씨	영문 표기
김	**Kim**	최	**Choi**
이	**Lee**	정	**Cheong**
			Jung
박	**Park**	강	**Kang**

내 성씨를 어떻게 영문으로 표기하는지 궁금하다면 검색해 보면 금방 찾을 수 있어요.

이름을 영어로 써봅시다. 앞에서 한글로 적은 발음을 영어로 바꾸는 연습을 했던 것처럼 여러분의 이름에 해당하는 알파벳을 하나 하나 찾아서 적어보세요.
'ㅕ, ㅖ, ㅘ'와 같이 우리가 아직 배우지 않은 어려운 한글 모음은 아래 표를 참고해 보세요.

모음	영문 표기	모음	영문 표기
ㅑ	Ya	ㅖ	Ye
ㅕ	Yeo	ㅡ	Eu
ㅛ	Yo	ㅢ	Ui
ㅠ	Yu	ㅘ	Wa

영어로 써보기

다른 사람 이름을 확인해보고
나의 이름도 써보세요.

예시

이름(한글) : 하니 → ㅎ ㅏ ㄴ ㅣ

영문 : H a n i

※ 'ㅏ'로 발음하는 알파벳은 일반적으로 O를 쓰지만, 한글 → 영어 표기에선 로마자 표기 법칙에 따라 a를 써요.

이름	한글	영어
김미숙	ㄱ ㅣ ㅁ + ㅁ ㅣ + ㅅ ㅜ ㄱ	Kim Mi Suk
박성호	ㅂ ㅏ ㄱ + ㅅ ㅓ ㅇ + ㅎ ㅗ	Park Sung Ho
최영희	ㅊ ㅗ ㅣ + ㅇ ㅕ ㅇ + ㅎ ㅣ	Choi Young Hee

내 이름 써보기

이름(한글) : ______ → ______________

영문 : ______________

이제 '짝을 지어 새로운 소리'를 내는
모음과 자음 덩어리를 배워 볼 거예요.
이 단짝들이 내는 소리를 익히면 어려운
단어도 쉽게 읽을 수 있게 될 거예요.
함께 차근차근 모음 짝꿍들을
만나러 가볼까요?

2장

영어 덩어리 글자와 친해지기

강의 보기

덩어리 글자란 무엇일까요?

앞에서 영어 알파벳 26자를 익히고 각 알파벳이 가진 소리를 배웠어요. 이제 알파벳들이 2개 이상 모여서 만들어진 '덩어리 글자'를 공부해 볼게요.

'sea'라는 영어 단어를 예로 쉽게 설명해 볼게요. 'sea'는 '바다'라는 뜻의 단어로, 자음 s와 모음 e, a를 합쳐서 만든 단어죠. 그럼 이 단어, 어떻게 읽을까요?

s e a
ㅆ + ㅔ + ㅐ? = 쎄애?

알파벳 소리를 하나씩 대입하면, s는 ㅆ, e는 ㅔ, a는 또 ㅐ소리니까 '쎄애'라고 읽어야 할 것 같아요. 하지만 실제로는 이렇게 읽지 않아요.

sea는 뒤에 나온 ea를 따로 읽지 않고 하나로 묶어서 읽어야 해요. ea는 묶어서 /이이/라고 발음해요.

s e a — 묶어서 발음

ㅆ + 이이 = 씨이

이처럼 **영어에는 2개 이상의 글자를 묶어서 새로운 소리로 읽어주는 경우가 많아요.** 이걸 우린 **'덩어리 글자'**라고 부를게요.

덩어리 글자의 소리를 정확히 모르면 단어를 틀리게 읽기 쉬워요. 그래서 덩어리 글자는 꼭 묶어서 익히고 외워줘야 해요.

덩어리 글자의 특징

덩어리 글자는 크게 두 가지 특징이 있어요.

첫째, 덩어리 글자는 모음끼리 묶을 수도 있고, 자음끼리 묶을 수도 있고, 또 자음+모음이 같이 묶을 수도 있어요.

예시

모음끼리 묶은 경우 : ea, ee, a_e, i_e, oa 등

자음끼리 묶은 경우 : sh, ch, wh, th 등

모음+자음을 같이 묶은 경우 : igh, ar, er 등

둘째, 하나의 소리에 여러가지 덩어리 글자가 있을 수도 있어요. 예를 들어, '에~이'라는 소리는 ai로 쓸 수도, ae, ay, a+자음+e 등 여러 개로 쓸 수 있어요.

예시

'에~이' 소리가 나는 덩어리 글자 : ai, ae, a_e, ay 등

'이~이' 소리가 나는 덩어리 글자 : ee, ea, e_e, ey 등

덩어리 글자, 어떻게 공부할까요??

우선, 덩어리 글자의 형태와 소리를 익히세요. 그런 다음, 그 덩어리 글자가 들어간 단어들을 반복해서 읽는 거예요. 그렇게 하면 자연스럽게 덩어리 글자에 익숙해질 수 있어요.

이 책에서는 자주 쓰이는 덩어리 글자들을 소리별로 묶었어요. 덩어리 글자가 포함된 쉬운 단어들을 연습하면서 자연스럽게 익힐 수 있게 구성했어요.

그럼 이제 본격적으로 '덩어리 글자' 공부를 시작해 볼까요?

강의 보기

DAY 16

떨어진 모음 덩어리 익히기

영어에는 특이하면서도 자주 쓰이는 읽기 규칙이 하나 있어요. 바로 '떨어진 모음 덩어리'예요. 이름이 조금 재미있죠? 제가 붙인 이름인데요, 이런 이름을 붙인 이유는 바로 '형태' 때문이에요.

떨어진 모음 덩어리의 형태:

모음 + 자음 + e

앞에서 본 sea에서 ea는 모음 e와 a가 딱 붙어있는 형태예요. 그런데 '떨어진 모음 덩어리'의 형태는 모음이 딱 붙어있지 않아요. 맨 앞의 모음과 맨 뒤의 e 사이에 자음이 한 글자 끼어 있죠. 이 형태는 반드시 묶어서 읽어줘야 정확히 읽을 수 있어요. 바로 이런 이유 때문에 '떨어진 모음 덩어리'라는 이름을 붙였답니다.

이 '떨어진 모음 덩어리'는 구체적으로 어떻게 쓸까요? 우선 맨 앞의 모음엔 a, e, i, o, u 중 하나가 올 수 있어요. 어떤 모음이 오느냐에 따라 이 덩어리의 소리가 달라져요. 소리는 그 모음의 알파벳 이름과 같아요. 예를 들어, 맨 앞에 a가 오면 '에이', i가 오면 '아이' 하고 읽어줘요.

형태	소리
a + 자음 + e	에이(A)
e + 자음 + e	이이(E)
i + 자음 + e	아이(I)
o + 자음 + e	오우(O)
u + 자음 + e	유우(U)

자음 자리에는 a, e, i, o, u를 제외한 알파벳 중 하나가 와요. 그리고 마지막 e는 소리가 나지 않아요. 없다고 생각하고 읽어야 하죠. 즉 e는 '묵음'이에요.

이제부터 본격적으로 '떨어진 모음 덩어리'의 형태와 소리를 하나씩 자세히 배워봐요.

DAY 17

강의 보기

'에이' 소리가 나는 덩어리: a _ e

'떨어진 모음 덩어리' 형태의 모음 자리에 a를 넣어볼게요.

모음	자음	e
↓	↓	↓
a	자음	e

이런 형태가 되겠죠? 이제 자음 자리에 '자음'이란 말 대신 밑줄(_)을 넣어서 표시할게요.

핵심 정리

형태	소리
a _ e 에이 자음 묵음	에이

어떻게 읽을까요?

❶ 맨 앞의 모음 a는 알파벳 이름 그대로 '에이' 하고 발음해요. 이 '에이' 소리는 Day 6 '어떻게 소리내는지 알아봐요 A~E'에서 배운 모음 a의 소리 '애'보다 길어서 '장모음 A 소리'라고도 해요. 마지막에 온 e는 발음해 주지 않는 묵음이에요.

❷ 맨 앞의 a '에이'에 이어서 밑줄(_) 자리에 온 자음 소리를 발음해 주세요.

예시) 형태	소리
a t e 에이 ㅌ 묵음	에이트

❸ 단, 밑줄 자리에 m, n, l이 왔다면 '므', '느', '르'로 읽지 않고 받침 소리로 읽어야 해요.

예시) 형태	소리
a m e 에이 ㅁ(받침) 묵음	에임 에이므 (X)

❹ <a_e> 덩어리 앞에는 보통 다른 자음이 붙어 있어요. 이 땐 맨 앞의 자음과 a '에이'를 붙여서 읽으면 돼요.

예시) 형태	소리
d a t e ㄷ 에이 ㅌ 묵음	데이트
n a m e ㄴ 에이 ㅁ(받침) 묵음	네임

읽어보기

네모칸에 각 글자에 해당하는 소리를 적어보고 각 소리를 합쳐서 단어의 발음을 완성해 보세요.

		글자				발음	
		a	t	e			
소리		에이	ㅌ	발음 안함	=	에이트	
	d	a	t	e			
소리	ㄷ	에이	ㅌ	발음 안함	=	데이트	뜻 날짜
		a	k	e			
소리			ㅋ	발음 안함	=	___ 크	
	c	a	k	e			
소리	ㅋ		ㅋ	발음 안함	=	___ 크	뜻 케이크

정답 정답을 확인해 보세요.

		글자			발음	
		a	t	e		
소리		에이	ㅌ	발음 안함	= 에이트	
	d	a	t	e		
소리	ㄷ	에이	ㅌ	발음 안함	= 데이트	뜻 날짜
		a	k	e		
소리		에이	ㅋ	발음 안함	= 에이크	
	c	a	k	e		
소리	ㅋ	에이	ㅋ	발음 안함	= 케이크	뜻 케이크

글자 발음

a m e

소리		ㅁ	발음 안함	=	___ 임	

n a m e

소리			ㅁ	발음 안함	=		뜻 이름

a p e

소리		ㅍ	발음 안함	=	___ 프	

t a p e

소리	ㅌ		ㅍ	발음 안함	=	___ 프	뜻 테이프

a v e

소리			발음 안함	=		

w a v e

소리				발음 안함	=		뜻 파도

정답 정답을 확인해 보세요.

글자						발음	
	a	m	e				
소리	에이	ㅁ	발음 안함	=	에임		
n	a	m	e				
소리	ㄴ	에이	ㅁ	발음 안함	=	네임	뜻 이름
	a	p	e				
소리	에이	ㅍ	발음 안함	=	에이프		
t	a	p	e				
소리	ㅌ	에이	ㅍ	발음 안함	=	테이프	뜻 테이프
	a	v	e				
소리	에이	ㅂ	발음 안함	=	에이브		
w	a	v	e				
소리	우	에이	ㅂ	발음 안함	=	웨이브	뜻 파도

영어 단어 써보기

방금 익힌 단어들을 입으로 소리내며 써보세요.

❶ 날짜
발음 데이트
date

❷ 케이크
발음 케이크
cake

❸ 이름
발음 네임
name

❹ 테이프
발음 테이프
tape

❺ 파도
발음 웨이브
wave

DAY 18

강의 보기

'아이' 소리가 나는 덩어리: i _ e

이번엔 <모음+자음+e>에서 모음 자리에 i를 넣어볼게요.

모음	자음	e
↓	↓	↓
i	자음	e

이제 자음 자리에 '자음'이란 말 대신 밑줄(_)을 넣어서 표시할게요.

핵심 정리

형태	소리
i ___ e 아이 자음 묵음	아이

어떻게 읽을까요?

❶ 맨 앞의 i는 알파벳 이름 그대로 '아이' 하고 발음해요. 이 소리는 Day 7 '어떻게 소리내는지 알아봐요 F~J'에서 배운 모음 i의 소리, '이'보다 길어서 '장모음 I(아이) 소리'라고도 해요. 마지막 e는 발음해 주지 않아요.

❷ 맨 앞의 i를 '아이' 하고 발음한 후, 밑줄(_) 자리에 온 자음 소리를 이어서 발음해 줍니다.

예시) 형태	소리
i t e 아이 ㅌ 묵음	아이트

❸ 단, <i_e> 덩어리에서 밑줄 자리에 m, n, l이 쓰였다면 'ㅁ', 'ㄴ', 'ㄹ'로 읽지 않고 받침 소리로 읽어요.

예시) 형태	소리
i m e 아이 ㅁ(받침) 묵음	아임 아이므 (X)

❹ <i_e> 덩어리 앞에 다른 자음이 오면, 맨 앞의 자음과 I '아이'를 합쳐서 발음해 줍니다.

예시) 형태	소리
b i k e ㅂ 아이 ㅋ 묵음	바이크
t i m e ㅌ 아이 ㅁ(받침) 묵음	타임

읽어보기

네모칸에 각 글자에 해당하는 소리를 적어보고 각 소리를 합쳐서 단어의 발음을 완성해 보세요.

	글자					발음	
		i	k	e			
소리		아이	ㅋ	발음 안함	=	아이크	
	b	i	k	e			
소리	ㅂ	아이	ㅋ	발음 안함	=	바이크	뜻 자전거
		i	m	e			
소리			ㅁ	발음 안함	=	___ 임	
	t	i	m	e			
소리	ㅌ		ㅁ	발음 안함	=		뜻 시간

정답 정답을 확인해 보세요.

	글자					발음	
		i	k	e			
소리		아이	ㅋ	발음 안함	=	아이크	
	b	i	k	e			
소리	ㅂ	아이	ㅋ	발음 안함	=	바이크	뜻 자전거
		i	m	e			
소리		아이	ㅁ	발음 안함	=	아임	
	t	i	m	e			
소리	ㅌ	아이	ㅁ	발음 안함	=	타임	뜻 시간

글자 발음

i n e

소리 | | | 발음 안함 = | |

l i n e

소리 | ㄹ | | | 발음 안함 = | 라 ___ | 뜻 줄, 선

i c e

소리 | | ㅆ | 발음 안함 = | ___ 쓰 |

r i c e

소리 | | | ㅆ | 발음 안함 = | | 뜻 쌀

i v e

소리 | | | 발음 안함 = | |

f i v e

소리 | | | | 발음 안함 = | | 뜻 숫자 5

정답 정답을 확인해 보세요.

	글자					발음	
		i	n	e			
소리		아이	ㄴ	발음 안함	=	아인	
	l	i	n	e			
소리	ㄹ	아이	ㄴ	발음 안함	=	라인	뜻 줄, 선
		i	c	e			
소리		아이	ㅆ	발음 안함	=	아이쓰	
	r	i	c	e			
소리	ㄹ	아이	ㅆ	발음 안함	=	라이쓰	뜻 쌀
		i	v	e			
소리		아이	ㅂ	발음 안함	=	아이브	
	f	i	v	e			
소리	ㅍ	아이	ㅂ	발음 안함	=	파이브	뜻 숫자 5

영어 단어 써보기

방금 익힌 단어들을 입으로 소리내며 써보세요.

❶ 자전거

발음 바이크

bike

❷ 시간

발음 타임

time

❸ 줄, 선

발음 라인

line

❹ 쌀

발음 라이쓰

rice

❺ 숫자 5

발음 파이브

five

DAY 19

강의 보기

‘오우’ 소리가 나는 덩어리: o _ e

이번엔 <모음+자음+e>에서 모음 자리에 o를 넣어 볼게요.

모음	자음	e
↓	↓	↓
o	자음	e

이제 자음 자리에 ‘자음’이란 말 대신 밑줄(_)을 넣어서 표시할게요.

핵심 정리

형태	소리
o __ e 오우 자음 묵음	오우

어떻게 읽을까요?

❶ 맨 앞의 o는 알파벳 이름처럼 '오우' 하고 발음해요. 이 소리는 원래 모음 o 소리 '아'보다 길어서 '장모음 O 소리'라고 해요. 마지막 e는 발음하지 않아요.

❷ 맨 앞의 o를 '오우' 하고 발음한 후, 이어서 밑줄(_) 자리에 온 자음 소리를 발음하세요.

예시) 형태	소리
o t e 오우 ㅌ 묵음	오우트

❸ 단, <o_e>의 밑줄 자리에 m, n, l이 쓰였다면 '므(m)', '느(n)', '르(l)'로 읽지 않고 받침처럼 읽어요.

예시) 형태	소리
o l e 오우 ㄹ(받침) 묵음	오울 오우르 (X)

❹ <o_e> 앞에 다른 자음이 오면, 맨 앞의 자음과 o '오우'를 합쳐서 읽어요.

예시) 형태	소리
n o t e ㄴ 오우 ㅌ 묵음	노우트
h o l e ㅎ 오우 ㄹ(받침) 묵음	호울

읽어보기

네모칸에 각 글자에 해당하는 소리를 적어보고 각 소리를 합쳐서 단어의 발음을 완성해 보세요.

	글자					발음	
		o	t	e			
소리		오우	ㅌ	발음 안함	=	오우트	
	n	o	t	e			
소리	ㄴ	오우	ㅌ	발음 안함	=	노우트	뜻 공책
		o	l	e			
소리			ㄹ	발음 안함	=	___ 울	
	h	o	l	e			
소리	ㅎ		ㄹ	발음 안함	=		뜻 구멍

정답 정답을 확인해 보세요.

	글자					발음	
		o	t	e			
소리		오우	ㅌ	발음 안함	=	오우트	
	n	o	t	e			
소리	ㄴ	오우	ㅌ	발음 안함	=	노우트	뜻 공책
		o	l	e			
소리		오우	ㄹ	발음 안함	=	오울	
	h	o	l	e			
소리	ㅎ	오우	ㄹ	발음 안함	=	호울	뜻 구멍

글자 발음

o k e

소리 | | | 발음 안함 = | |

j o k e

소리 | 쥬 | | | 발음 안함 = | 죠 ____ |

뜻 농담

o m e

소리 | | | 발음 안함 = | |

h o m e

소리 | | | | 발음 안함 = | |

뜻 집

o p e

소리 | | | 발음 안함 = | |

r o p e

소리 | | | | 발음 안함 = | |

뜻 밧줄

정답 정답을 확인해 보세요.

		글자			발음	
		o k e				
소리		오우	ㅋ	발음 안함	= 오우크	
	j	o	k	e		
소리	쥬	오우	ㅋ	발음 안함	= *죠우크	뜻 농담

✱ **참고** | j '쥬'와 o '오우'가 만나서 jo가 되면 '쥬오우'로 발음해요. 여기서 '쥬오'를 한 글자처럼 빠르게 발음하면 '죠'처럼 발음이 돼요.

		o	m	e		
소리		오우	ㅁ	발음 안함	= 오움	
	h	o	m	e		
소리	ㅎ	오우	ㅁ	발음 안함	= 호움	뜻 집

글자 발음

o p e

소리	오우	ㅍ	발음 안함	=	오우프

r o p e

소리	ㄹ	오우	ㅍ	발음 안함	=	로우프	뜻 밧줄

영어 단어 써보기

방금 익힌 단어들을 입으로 소리내며 써보세요.

❶ 공책
발음 노우트
note

❷ 구멍
발음 호울
hole

❸ 농담
발음 죠우크
joke

❹ 집
발음 호움
home

❺ 밧줄
발음 로우프
rope

강의 보기

DAY 20

'유우' 소리가 나는 덩어리: u _ e

이번엔 <모음+자음+e>에서 모음 자리에 u를 넣어 볼게요.

모음	자음	e
↓	↓	↓
u	자음	e

이제 자음 자리에 '자음'이란 말 대신 밑줄(_)을 넣어서 표시할게요.

핵심 정리

형태	소리
u _ e 유우 자음 묵음	유우

어떻게 읽을까요?

❶ 맨 앞의 u는 알파벳 이름처럼 '유우'로 발음해요. 이 소리는 원래 모음 u 소리인 '어'보다 길어서 '장모음 U 소리'라고 해요. 마지막 e는 발음하지 않아요.

❷ 맨 앞의 u를 '유우' 하고 발음한 후, 이어서 밑줄(_) 자리에 온 자음 소리를 발음해요.

예시) 형태	소리
u b e 유우 ㅂ 묵음	유우브

❸ 단, 밑줄 자리에 m, n, l이 쓰였다면 '므', '느', '르'로 읽지 않고 받침 소리로 읽어요.

예시) 형태	소리
u n e 유우 ㄴ(받침) 묵음	유운 유우느 (X)

❹ <u_e> 앞에 다른 자음이 오면, 맨 앞의 자음과 u '유우'를 합쳐서 발음해요.

예시) 형태	소리
t u b e ㅌ 유우 ㅂ 묵음	튜우브
j u n e 쥬 유우 ㄴ(받침) 묵음	쥬운

읽어보기

네모칸에 각 글자에 해당하는 소리를 적어보고 각 소리를 합쳐서 단어의 발음을 완성해 보세요.

글자							발음	
		u	b	e				
소리		유우	ㅂ	발음 안함	=		유우브	
	t	u	b	e				
소리	ㅌ	유우	ㅂ	발음 안함	=		튜우브	뜻 튜브
		u	n	e				
소리			ㄴ	발음 안함	=		___운	
	J	u	n	e				
소리	쥬		ㄴ	발음 안함	=			뜻 6월

정답 정답을 확인해 보세요.

	글자				발음	
	u	b	e			
소리	유우	ㅂ	발음 안함	=	유우브	
t	u	b	e			
소리 ㅌ	유우	ㅂ	발음 안함	=	튜우브	뜻 튜브
	u	n	e			
소리	유우	ㄴ	발음 안함	=	유운	
J	u	n	e			
소리 쥬	유우	ㄴ	발음 안함	=	*쥬운	뜻 6월

✱ **참고** | j '쥬'와 u '유우'가 만나서 ju '쥬+유우'가 되면 중복되는 '유'를 한 번만 발음해서 '쥬우' 하고 발음해요.

글자 　 발음

u t e

소리 | | | 발음 안함 = | |

c u t e

소리 | ㅋ | | | 발음 안함 = | 큐 ___ | 뜻 귀여운

u t e

소리 | | | 발음 안함 = | |

m u t e

소리 | | | | 발음 안함 = | | 뜻 음소거

u b e

소리 | | | 발음 안함 = | |

c u b e

소리 | | | | 발음 안함 = | | 뜻 정육면체

정답 정답을 확인해 보세요.

	글자						발음	
	u	t	e					
소리	유우	ㅌ	발음 안함	=			유우트	
c	u	t	e					
소리	ㅋ	유우	ㅌ	발음 안함	=		큐우트	뜻 귀여운
	u	t	e					
소리	유우	ㅌ	발음 안함	=			유우트	
m	u	t	e					
소리	ㅁ	유우	ㅌ	발음 안함	=		뮤우트	뜻 음소거
	u	b	e					
소리	유우	ㅂ	발음 안함	=			유우브	
c	u	b	e					
소리	ㅋ	유우	ㅂ	발음 안함	=		큐우브	뜻 정육면체

영어 단어 써보기

방금 익힌 단어들을 입으로 소리내며 써보세요.

❶ 튜브

발음 튜우브

tube

❷ 6월

발음 쥬운

June

❸ 귀여운

발음 큐우트

cute

❹ 음소거

발음 뮤우트

mute

❺ 정육면체

발음 큐우브

cube

잠깐 쉬어가기

'정육면체라는 단어를 많이 쓸까?' 하실 수 있어요. 우리말에선 잘 안쓰는 단어니까요. 하지만 영어에서 cube(정육면체)는 정말 많이 써요! 보통 깍둑 썬 형태나, 각얼음같이 정육면체 모양으로 각진 것들을 cube라고 표현합니다. 예를 들어, "얼음 좀 넣어주세요~"라고 할 때, 얼음을 그냥 ice(얼음)라고 하지 않고 ice cube라고 말해요.

DAY 21

강의 보기

딱 붙어있는 모음 덩어리 익히기

이번에는 모음들이 나란히 붙어있는 덩어리 글자를 배워 볼게요. 어떤 글자들이 있는지 한번 볼까요?

붙어있는 모음 덩어리 글자들
ae, ai, au, aw, ay, augh, ea, ee, ei, eu, ew, ey, eigh, ie, igh, oa, oe, oi, oo, ou, ow, oy, ough, ue, ui, uy

종류가 참 많죠? 각각의 덩어리들은 정해진 소리를 가지고 있어서, 단어를 볼 때 덩어리로 한 번에 읽어야 단어를 정확하고 빠르게 읽을 수 있어요. 만약 이 덩어리들의 철자를 하나하나 따로 읽으면 틀리게 읽을 뿐만 아니라, 영어 읽기가 너무 어렵고 시간이 오래 걸리게 돼요.

이제 이 덩어리들이 각각 어떤 소리가 나는지 익혀볼까요? 이 덩어리 글자들을 소리별로 분류해서 살펴볼게요.

소리	덩어리 글자
'에이'	ae, ai, ay
'이이'	ee, ea, ey
'아이'	ie, igh, uy
'오우'	oa, oe, ow, ough
'유우'	eu, ew, ue
'어어'	au, aw, ou, augh
'오이'	oi, oy
'아우'	ou, ow
'우우'	ue, ui, oo, ou
짧은 '이'	ui
짧은 '우'	oo, ou

여기서 우리는 덩어리 글자의 두 가지 중요한 특징을 알 수 있어요.

특징 1. 하나의 소리가 여러 가지 철자로 쓰일 수 있어요. 예를 들어, '에이'라는 소리는 앞에서 배운 a_e뿐 아니라, ae, ai, ay 등 다양한 철자로 쓸 수 있죠.

특징 2. 반대로, 하나의 철자가 여러 가지 소리를 가지고 있기도 해요. 표에서 초록색 글씨들을 볼까요? 예를 들어, ow는 '오우' 소리에도 쓰이고, '아우' 소리에도 쓰여요. 즉 ow는 두 가지 소리를 모두 가지고 있어요.

이런 특징들 때문에 덩어리 글자와 소리를 단순히 1:1로 외우면 철자도 소리도 헷갈리기 쉬워요. 그래서 단어 속에서 자연스럽게 익히는 게 훨씬 더 중요하답니다.

이 책에서는 '붙어있는 모음 덩어리' 중 기초 단어에 많이 쓰이는 덩어리만 쏙쏙 골라서, 각 덩어리가 어떤 단어에서 어떻게 소리나는지를 중심으로 배워 볼거예요.

기초 덩어리 글자들에 먼저 익숙해진 후에, 나머지 덩어리들을 단어별로 하나씩 익히면 좋아요.
그럼, 본격적으로 붙어있는 모음 덩어리 공부를 시작해 볼까요?

강의 보기

DAY 22

'이이' 소리가 나는 덩어리: ee, ea

먼저 '이이' 하고 발음하는 모음 덩어리를 공부해 볼게요. 형태는 두 가지예요.

핵심 정리

형태	소리
ee	이이
ea	

ee는 모음 e가 두 개 붙어 있는 형태이고 ea는 모음 e와 a가 나란히 붙어 있는 형태예요.

소리는 어떻게 낼까요?

단어에 ee나 ea 덩어리가 있으면 '이이' 하고 발음해요. 그런데 또박또박 '이.이.'하고 끊어서 발음하지 않고 '이~' 하고 길고 부드럽게 소리를 이어서 발음해야 해요. 알파벳 E의 이름을 길게 발음한다고 해서 이 소리를 '장모음 E 소리'라고도 해요.

어떻게 읽을까요?

❶ ee, ea 덩어리 앞에 자음이 오면 자음 소리와 '이이'를 합쳐서 발음해 주세요.

예시) 형태	소리
b ee ㅂ 이이	비이
t ea ㅌ 이이	티이

❷ ee, ea 덩어리 뒤에 자음이 오면 '이이'에 이어서 자음 소리를 발음해 주세요. 단, m, n, l이 오면 '므', '느', '르'로 읽지 않고 받침 소리로 읽어줘요.

예시) 형태	소리
b ee t ㅂ 이이 ㅌ	비이트
t ea m ㅌ 이이 ㅁ (받침)	티임

읽어보기

네모칸에 각 글자에 해당하는 소리를 적어보고 각 소리를 합쳐서 단어의 발음을 완성해 보세요.

	글자			발음	
	ee				
소리	이이		=	이이	
	b ee				
소리	ㅂ [ ]		=	비 ___	뜻 (곤충) 벌
	b ee t				
소리	ㅂ [ ] ㅌ		=	[ ]	뜻 비트(근대)
	f ee				
소리	[ ] [ ]		=	[ ]	뜻 요금
	f ee t				
소리	[ ] [ ] [ ]		=	[ ]	뜻 발(2개 이상)

정답 정답을 확인해 보세요.

ee 덩어리 읽기

	글자				발음	
		ee				
소리		이이		=	이이	
	b	ee				
소리	ㅂ	이이		=	비이	뜻 (곤충) 벌
	b	ee	t			
소리	ㅂ	이이	ㅌ	=	비트	뜻 비트(근대)
	f	ee				
소리	ㅍ	이이		=	피이	뜻 요금
	f	ee	t			
소리	ㅍ	이이	ㅌ	=	피이트	뜻 발(2개 이상)

이번엔 ea 덩어리가 쓰인 단어를 읽어봅시다. 같은 방식으로 네모칸에 글자에 해당하는 소리를 적고 단어의 발음을 완성해 보세요.

	글자				발음	
		ea				
소리		이이		=	이이	
	t	ea				
소리	ㅌ			=	티 ___	뜻 (음료) 차
	t	ea	m			
소리	ㅌ		ㅁ	=		뜻 팀, 단체
	s	ea				
소리				=		뜻 바다
	s	ea	t			
소리				=		뜻 좌석

정답 정답을 확인해 보세요.

ea 덩어리 읽기

	글자					발음	
		ea					
소리		이이		=		이이	
	t	ea					
소리	ㅌ	이이		=		티이	뜻 (음료) 차
	t	ea	m				
소리	ㅌ	이이	ㅁ	=		티임	뜻 팀, 단체
	s	ea					
소리	ㅆ	이이		=		씨이	
	s	ea	t				
소리	ㅆ	이이	ㅌ	=		씨이트	뜻 좌석

영어 단어 써보기

방금 익힌 단어들을 입으로 소리내며 써보세요.

❶ 벌

발음 비이

bee

❷ 비트(근대)

발음 비이트

beet

❸ 요금

발음 피이

fee

❹ 발

발음 피이트

feet

❺ 차

발음 티이

tea

❻ 팀, 단체

발음 티임

team

❼ 바다

발음 씨이

sea

❽ 좌석

발음 씨이트

seat

DAY 23

강의 보기

'오이' 소리가 나는 덩어리: oi, oy

이번엔 '오이' 하고 발음하는 모음 덩어리를 공부해 볼게요. 형태는 두 가지예요.

핵심 정리

형태	소리
oi	오이
oy	

oi, oy 둘 다 모음 o로 시작해요. oi는 o 다음에 모음 i가, oy는 자음 y가 붙은 형태예요.

소리는 어떻게 낼까요?

단어에 oi나 oy가 있으면 '오이'로 발음해요. 이때 '오'를 좀 더 세고 길게, '이'는 상대적으로 작고 짧게 발음해 보세요. 마치 '오~이'처럼 부드럽게 이어주는 게 발음의 핵심이에요.

어떻게 읽을까요?

❶ oi, oy 덩어리 앞에 자음이 오면 자음 소리와 '오이'를 합쳐서 발음하세요.

예시) 형태	소리
c oi ㅋ 오이	코이
t oy ㅌ 오이	토이

❷ oi 덩어리 뒤에 자음이 오면 '오이'에 이어서 자음 소리를

발음해 주세요. 단, m, n, l이 오면 '므', '느', '르'로 읽지 않고 받침 소리로 읽어요. 참고로, oy 덩어리 뒤에 자음이 오는 경우는 거의 없어요.

예시) 형태	소리
c oi n ㅋ 오이 ㄴ (받침)	코인

읽어보기

네모칸에 각 글자에 해당하는 소리를 적어보고 각 소리를 합쳐서 단어의 발음을 완성해 보세요.

글자					발음	
		oi				
소리		오이		=	오이	
	c	oi				
소리	ㅋ			=	코 ___	
	c	oi	n			
소리	ㅋ			=		뜻 동전
		oi	l			
소리				=		뜻 기름
	p	oi	n	t		
소리					=	뜻 점

정답 정답을 확인해 보세요.

oi 덩어리 읽기

	글자		발음	
	oi			
소리	오이	=	오이	
	c oi			
소리	ㅋ 오이	=	코이	
	c oi n			
소리	ㅋ 오이 ㄴ	=	코인	뜻 동전
	oi l			
소리	오이 ㄹ	=	오일	뜻 기름
	p oi n t			
소리	ㅍ 오이 ㄴ ㅌ	=	포인트	뜻 점

이번엔 oy 덩어리가 쓰인 단어를 읽어봅시다. 같은 방식으로 네모칸에 글자에 해당하는 소리를 적고 단어의 발음을 완성해 보세요.

	글자			발음	
		oy			
소리		오이	=	오이	
	t	oy			
소리	ㅌ		=	토 ___	뜻 장난감
	b	oy			
소리			=		뜻 소년
	s	oy			
소리			=		뜻 콩(대두)

정답 정답을 확인해 보세요.

oy 덩어리 읽기

	글자			발음	
		oy			
소리		오이	=	오이	
	t	oy			
소리	ㅌ	오이	=	토이	뜻 장난감
	b	oy			
소리	ㅂ	오이	=	보이	뜻 소년
	s	oy			
소리	ㅆ	오이	=	*쏘이	뜻 콩(대두)

* **참고** | soy라는 단어는 혼자 쓰이지 않아요. 보통 soy 다음에 '콩'이란 뜻의 bean '비인'을 붙여 soybean이라고 해요. soybean은 콩 중에서도 된장, 두부 등을 만드는 노란콩, 즉 대두를 의미해요.

영어 단어 써보기

방금 익힌 단어들을 입으로 소리내며 써보세요.

❶ 동전

발음 코인

coin

❷ 기름

발음 오일

oil

❸ 점

발음 포인트

point

❹ 장난감

발음 토이

toy

❺ 소년

발음 보이

boy

❻ 콩(대두)

발음 쓰이

soy

강의 보기

DAY 24

'아우' 소리가 나는 덩어리: ou, ow

'아우' 하고 발음하는 모음 덩어리를 공부해 볼게요. '아우' 하고 발음하는 덩어리 글자는 두 개예요.

핵심 정리

형태	소리
ou	아우
ow	

ou는 o 다음에 모음 u가 붙은 모양이고, ow는 o 뒤에 자음 w가 붙은 형태예요.

소리는 어떻게 낼까요?

ou와 ow 덩어리는 '아우' 하고 소리나요. 이때 '아'를 좀더 세고 길게, '우'는 상대적으로 작고 짧게 '아~우' 하고 부드럽게 발음해요.

어떻게 읽을까요?

❶ ou, ow 덩어리 앞에 자음이 오면 자음 소리와 '아우'를 합쳐서 발음해 주세요.

예시) 형태	소리
l ou ㄹ 아우	라우
t ow ㅌ 아우	타우

❷ ou, ow 덩어리 뒤에 자음이 오면 '아우'에 이어서 자음 소리를 발음하세요. 단, m, n, l이 오면 '므', '느', '르'로 읽지 않고 받침 소리로 읽어요.

예시) 형태	소리
l ou d ㄹ 아우 ㄷ	라우드
t ow n ㅌ 아우 ㄴ (받침)	타운

읽어보기

네모칸에 각 글자에 해당하는 소리를 적어보고 각 소리를 합쳐서 단어의 발음을 완성해 보세요.

	글자				발음	
		ou				
소리		아우		=	아우	
		ou	t			
소리		☐	ㅌ	=	___ 트	뜻 밖으로
	l	ou	d			
소리	☐	☐	ㄷ	=	라 ___	뜻 시끄러운
	s	ou	n	d		
소리	☐	☐	☐	☐ =	☐	뜻 소리
	h	ou	s	e		
소리	☐	☐	☐	발음 안함 =	☐	뜻 집

정답 정답을 확인해 보세요.

ou 덩어리 읽기

	글자		발음	
	ou			
소리	아우	=	아우	
	ou t			
소리	아우 ㅌ	=	아우트	뜻 밖으로
	l ou d			
소리	ㄹ 아우 ㄷ	=	라우드	뜻 시끄러운
	s ou n d			
소리	ㅆ 아우 ㄴ ㄷ	=	싸운드	뜻 소리
	h ou s e			
소리	ㅎ 아우 ㅆ 발음 안함	=	하우쓰	뜻 집

이번엔 ow 덩어리가 쓰인 단어를 읽어봅시다. 같은 방식으로 네모칸에 글자에 해당하는 소리를 적고 단어의 발음을 완성해 보세요.

	글자		발음	
	ow			
소리	아우	=	아우	
	c ow			
소리	ㅋ ☐	=	카 ___	뜻 소
	n ow			
소리	☐ ☐	=	☐	뜻 지금
	t ow n			
소리	☐ ☐ ☐	=	___ 운	뜻 마을, 도시
	b r ow n			
소리	☐ ☐ ☐ ☐	=	☐	뜻 갈색

정답 정답을 확인해 보세요.

ow 덩어리 읽기

	글자		발음	
	ow			
소리	아우	=	아우	
	c ow			
소리	ㅋ 아우	=	카우	뜻 소
	n ow			
소리	ㄴ 아우	=	나우	뜻 지금
	t ow n			
소리	ㅌ 아우 ㄴ	=	타운	뜻 마을, 도시
	b r ow n			
소리	ㅂ ㄹ 아우 ㄴ	=	*브라운	뜻 갈색

* 참고 | brown '브라운' 발음은 실제로는 '브롸운'에 가까워요. r 발음은 입을 '우' 하고 혀를 말아주는 발음이기 때문에 실제 발음은 '라'보다는 '롸'가 더 정확해요.

영어 단어 써보기

방금 익힌 단어들을 입으로 소리내며 써보세요.

❶ 밖으로

발음 아우트

out

❷ 시끄러운

발음 라우드

loud

❸ 소리

발음 싸운드

sound

❹ 집

발음 하우쓰

house

⑤ 소

발음 카우

cow

⑥ 지금

발음 나우

now

⑦ 마을, 도시

발음 타운

town

⑧ 갈색

발음 브라운
(브롸운)

brown

DAY 25

강의 보기

‘오우’ 소리가 나는 덩어리: oa, ow

‘오우’ 하고 발음하는 모음 덩어리를 공부해 볼게요. ‘오우’ 하고 발음하는 덩어리 글자는 두 개예요.

핵심 정리

형태	소리
oa	오우
ow	

oa는 o 다음에 모음 a가 붙은 모양이고, ow는 o 뒤에 자음 w가 붙은 형태예요. 바로 앞에서 ow의 ‘아우’ 소리를 배웠는데요, ‘아우’를 ow의 ‘1번 소리’라고 할게요. 그리고 이번에는 ow의 ‘2번 소리’를 배워 봅시다.

소리는 어떻게 낼까요?

oa와 ow 덩어리는 '오우' 하고 소리나요. '오우' 소리, 익숙하지 않나요? <o_e> 덩어리에서 배운 '장모음 O 소리'예요. 이때 '오'를 좀더 세고 길게, '우'는 상대적으로 작고 짧게 '오~우' 하고 부드럽게 발음해요.

어떻게 읽을까요?

❶ oa, ow 덩어리 앞에 자음이 오면 자음 소리와 '오우'를 합쳐서 발음해 주세요.

예시) 형태	소리
s oa ㅆ 오우	쏘우
b ow ㅂ 오우	보우

❷ oa, ow 덩어리 뒤에 자음이 오면, '오우'에 이어서 자음 소리를 발음해 주세요. 단, m, n, l이 오면 '므', '느', '르'로 읽지 않고 받침 소리로 읽어줘요.

예시) 형태			소리
s ㅆ	oa 오우	p ㅍ	쏘우프
b ㅂ	ow 오우	l ㄹ (받침)	보울 보우르(X)

읽어보기

네모칸에 각 글자에 해당하는 소리를 적어보고 각 소리를 합쳐서 단어의 발음을 완성해 보세요.

글자				발음	
	oa				
소리	오우		=	오우	
s	oa				
소리: 쓰			=	쓰 ___	
s	oa	p			
소리: 쓰		ㅍ	=		뜻 비누
r	oa	d			
소리			=		뜻 길, 도로
b	oa	t			
소리			=		뜻 배

정답 정답을 확인해 보세요.

oa 덩어리 읽기

	글자				발음	
		oa				
소리		오우		=	오우	
	s	oa				
소리	ㅆ	오우		=	쏘우	
	s	oa	p			
소리	ㅆ	오우	ㅍ	=	쏘우프	뜻 비누
	r	oa	d			
소리	ㄹ	오우	ㄷ	=	로우드	뜻 길, 도로
	b	oa	t			
소리	ㅂ	오우	ㅌ	=	보우트	뜻 배

이번엔 ow 덩어리가 쓰인 단어를 읽어봅시다. 같은 방식으로 네모칸에 글자에 해당하는 소리를 적고 단어의 발음을 완성해 보세요.

	글자			발음	
	ow				
소리	오우		=	오우	
	b ow				
소리	ㅂ		=	보 ___	
	b ow l				
소리	ㅂ	ㄹ	=		뜻 사발, 그릇
	s n ow				
소리			=		뜻 (날씨) 눈
	win d ow				
소리	윈		=		뜻 창문

정답 정답을 확인해 보세요.

ow 덩어리 읽기

	글자					발음	
			ow				
소리			오우		=	오우	
		b	ow				
소리		ㅂ	오우		=	보우	
		b	ow	l			
소리		ㅂ	오우	ㄹ	=	보울	뜻 사발, 그릇
	s	n	ow				
소리	ㅅ	ㄴ	오우		=	스노우	뜻 (날씨) 눈
	win	d	ow				
소리	윈	ㄷ	오우		=	윈도우	뜻 창문

영어 단어 써보기

방금 익힌 단어들을 입으로 소리내며 써보세요.

❶ 비누

발음 쓰우프

soap

❷ 길, 도로

발음 로우드

road

❸ 배

발음 보우트

boat

❹ 사발, 그릇

발음 보울

bowl

❺ 눈

발음 스노우

snow

❻ 창문

발음 윈도우

window

강의 보기

DAY 26

'우' 소리가 나는 덩어리: oo

이번엔 '우' 소리가 나는 덩어리, oo를 배워 볼게요.

핵심 정리

형태	소리
oo	① 긴 '우우'
	② 짧은 '우'

덩어리 글자 oo는 모음 o가 연이어 나온 형태예요. 소리는 '우' 하나지만 길게 발음하느냐, 짧게 발음하느냐에 따라 긴 oo와 짧은 oo로 구분할 수 있어요. 하지만 단어 생김새로는 긴 oo인지 짧은 oo인지 구분할 수 없어요. 그래서 단어별로 발음을 익혀두는 것이 좋아요.

소리는 어떻게 낼까요?

긴 oo는 '우'를 길게 '우우~' 하고 발음해요. 짧은 oo는 '우!' 하고 짧게 발음해요.

어떻게 읽을까요?

❶ oo 덩어리 앞에 자음이 오면 자음 소리와 '우우' 또는 '우'를 합쳐서 발음하세요.

예시)	형태	소리
긴 oo	m oo ㅁ 우우	무우
짧은 oo	b oo ㅂ 우	부

❷ oo 덩어리 뒤에 자음이 오면, '우우' 또는 '우'에 이어서 자음 소리를 발음해요. 단, m, n, l이 오면 '므', '느', '르'로 읽지 않고 받침 소리로 읽어요.

예시)	형태			소리
긴 oo	m ㅁ	oo 우우	n ㄴ (받침)	무운
짧은 oo	b ㅂ	oo 우	k ㅋ	부크

읽어보기

네모칸에 각 글자에 해당하는 소리를 적어보고 각 소리를 합쳐서 단어의 발음을 완성해 보세요.

	글자		발음	
	oo			
소리	우우	=	우우	
	m oo			
소리	ㅁ [ ]	=	무 ___	
	m oo n			
소리	ㅁ [ ] ㄴ	=	[ ]	뜻 달
	f oo			
소리	[ ] [ ]	=	[ ]	
	f oo d			
소리	[ ] [ ] [ ]	=	___ 드	뜻 음식

정답 정답을 확인해 보세요.

긴 oo 덩어리 읽기

	글자				발음	
		oo				
소리		우우		=	우우	
	m	oo				
소리	ㅁ	우우		=	무우	
	m	oo	n			
소리	ㅁ	우우	ㄴ	=	무운	뜻 달
	f	oo				
소리	ㅍ	우우		=	푸우	
	f	oo	d			
소리	ㅍ	우우	ㄷ	=	푸우드	뜻 음식

이번엔 짧은 oo 덩어리가 쓰인 단어를 읽어봅시다. 같은 방식으로 네모칸에 글자에 해당하는 소리를 적고 단어의 발음을 완성해 보세요.

	글자				발음	
		oo				
소리		우		=	우	
	b	oo				
소리	ㅂ			=		
	b	oo	k			
소리	ㅂ		ㅋ	=		뜻 책
	c	oo	k			
소리				=		뜻 요리하다
	f	oo	t			
소리				=		뜻 발(1개)

정답 정답을 확인해 보세요.

짧은 oo 덩어리 읽기

	글자				발음	
		oo				
소리		우		=	우	
	b	oo				
소리	ㅂ	우		=	부	
	b	oo	k			
소리	ㅂ	우	ㅋ	=	부크	뜻 책
	c	oo	k			
소리	ㅋ	우	ㅋ	=	쿠크	뜻 요리하다
	f	oo	t			
소리	ㅍ	우	ㅌ	=	푸트	뜻 발(1개)

영어 단어 써보기

방금 익힌 단어들을 입으로 소리내며 써보세요.

❶ 달

발음 무운

moon

❷ 음식

발음 푸우드

food

❸ 책

발음 부크

book

❹ 요리하다

발음 쿠크

cook

❺ 발(1개)

발음 푸트

foot

강의 보기

DAY 27

‘아이’ 소리가 나는 덩어리: igh

‘아이’로 발음하는 덩어리를 하나 더 공부해 볼게요.

핵심 정리

형태	소리
igh	아이

igh는 모음 i 뒤에 자음 g와 h가 붙은 형태예요. 생소한 모양이라서 처음 보면 ‘어떻게 읽지?’ 하고 당황할 수 있어요. 하지만 igh 덩어리가 들어간 단어들을 많이 보면서, 이 덩어리 글자에 익숙해져 보도록 해요.

소리는 어떻게 낼까요?

igh 덩어리는 '아이' 하고 읽어요. '아이'는 <i_e> 덩어리에서 배운 '장모음 I 소리'예요. 이때 '아'를 좀더 세고 길게, '이'는 작고 짧게 '아~이'하고 부드럽게 발음해 보세요.

어떻게 읽을까요?

❶ igh 덩어리 앞에 자음이 오면 자음 소리와 '아이'를 합쳐서 발음하세요.

예시) 형태	소리
l igh ㄹ 아이	라이

❷ igh 덩어리 뒤에 자음이 오면 '아이'에 이어서 자음 소리를 발음하세요. 보통 t가 오는 경우가 많아요.

예시) 형태	소리
l igh t ㄹ 아이 ㅌ	라이트

읽어보기

네모칸에 각 글자에 해당하는 소리를 적어보고 각 소리를 합쳐서 단어의 발음을 완성해 보세요.

	글자		발음	
	igh			
소리	아이	=	아이	
	h igh			
소리	ㅎ [ ]	=	___ 이	뜻 높은
	l igh t			
소리	[ ] [ ] ㅌ	=	___ 트	뜻 빛, 등
	n igh t			
소리	[ ] [ ] [ ]	=	[ ]	뜻 (시간) 밤
	f igh t			
소리	[ ] [ ] [ ]	=	[ ]	뜻 싸움

정답 정답을 확인해 보세요.

	글자		발음	
	igh			
소리	아이	=	아이	
	h igh			
소리	ㅎ 아이	=	하이	뜻 높은
	l igh t			
소리	ㄹ 아이 ㅌ	=	라이트	뜻 빛, 등
	n igh t			
소리	ㄴ 아이 ㅌ	=	나이트	뜻 (시간) 밤
	f igh t			
소리	ㅍ 아이 ㄷ	=	파이트	뜻 싸움

영어 단어 써보기

방금 익힌 단어들을 입으로 소리내며 써보세요.

❶ 높은

발음 하이

high

❷ 빛, 등

발음 라이트

light

❸ 밤

발음 나이트

night

❹ 싸움

발음 파이트

fight

DAY 28

강의 보기

새로운 소리가 된 자음 덩어리 익히기

이제 자음들이 만나서 새로운 소리가 되는 '자음 덩어리 글자'들을 익혀볼까요? 자음 덩어리 글자란, 두 개의 자음이 붙어서 각자의 소리가 아닌 완전히 새로운 하나의 소리를 내는 글자를 말해요.

예를 들어 볼까요?

s h o p = s + h + o + p → 쓰하프?

ㅆ ㅎ ㅏ ㅍ

shop(가게)이란 단어는 <s+h+o+p>가 조합된 단어예요. 각 글자의 소리를 하나씩 읽어보면 <s(ㅆ)+h(ㅎ)+o(ㅏ)+p(ㅍ)>예요. 이어서 읽으면 '쓰하프'로 읽게 돼요. 하지만 실제로는 이렇게 읽지 않고 sh를 묶어서 발음해요.

shop = sh + o + p → 샤프
슈 ㅏ ㅍ

sh는 묶어서 '슈' 하고 발음해요. s의 'ㅆ' 소리와 h의 'ㅎ'소리가 섞이지 않고 완전히 새로운 소리가 만들어졌어요.

이렇게 자음 덩어리 글자도 알파벳 소리처럼 반드시 익혀줘야 영어를 읽을 수 있어요. 이 책에서는 대표적인 자음 덩어리 7개를 특징별로 나눠서 살펴볼 거예요.

특징	자음 덩어리
첫소리, 끝소리로 쓰이는 덩어리	**sh, ch, th**
끝소리(받침)로만 쓰이는 덩어리	**ng, nk**
두 글자 중 하나만 소리가 나는 덩어리	**wh, ck**

sh, ch, th는 단어의 첫소리와 끝소리에 모두 쓰이고 ng, nk는 단어의 받침으로만 쓰여요. 그리고 wh, ck는 두 글자 중 하나의 소리만 나고 나머지는 묵음이 되는 특별한 자음덩어리들이에요.

자, 그럼 지금부터 이 자음 덩어리들이 어떤 소리를 내는지 하나씩 차근차근 익혀볼까요?

강의 보기

DAY 29

'슈' 소리가 된 덩어리: sh

가장 먼저 덩어리 글자 sh를 공부해 봐요. 자음 s와 h가 만나서 sh가 되면 새로운 소리가 만들어져요.

핵심 정리

형태	소리
sh	슈

소리는 어떻게 낼까요?

sh의 '슈' 소리는 우리말 '슈' 소리와는 조금 달라요. 우리말 '슈'는 '유' 하고 목에서 울리는 소리가 나는데, 영어의 '슈'는 목을 울리지 않고 바람 소리만 '슈~'하고 내줘요. 재밌는 비유로, 아기들 소변 누게 할 때 '쉬~'하는 바로 그 소리예요.

어떻게 읽을까요?

sh가 첫소리일 때, 즉 단어가 sh로 시작할 때와 끝소리일 때, 즉 단어가 sh로 끝날 때로 나눠서 익혀봐요.

첫소리 sh 읽는 법

❶ 단어가 sh로 시작하면 다음에 나온 모음과 합쳐서 발음하세요.

예시) 형태		소리
sh 슈	a 애	섀
sh 슈	e 에	쉐
sh 슈	i 이	쉬

sh o 슈 아	샤
sh u 슈 어	셔

주의할 점이 있어요 !

sha의 경우, [sh(슈)+a(애)]이므로 합치면 '슈ㅐ'가 되어야 하는데, 우리말엔 이런 글자도, 발음도 없어요. 그래서 실제 영어에서 가장 비슷한 소리인 '섀'라고 소리내면 좋아요.
실제로 소리를 내보면 더 확실히 이해할 수 있어요. 우선바람 소리 내듯이 '슈~' 하고 발음하고, 바로 이어서 '애'를 붙여 발음해 보세요. 점점 빠르게 발음해 보면 '섀'에 가까운 소리가 난답니다.

sh 다음에 a가 오는 sha 뿐만 아니라, 다른 모음이 온 경우인 she, shi, sho, shu도 마찬가지예요. 그래서 sh 같은 자음 덩어리는 뒤에 오는 모음과 같이 익혀두면 더 정확하고 효과적이에요.

❷ <sh+모음> 다음에 자음이 오면, 이어서 자음 소리를 발음하세요. 단, m, n, l이 오면 '므', '느', '르'로 읽지 않고 받침 소리로 읽어요.

예시) 형태	소리
sh a d 슈 애 ㄷ	섀드
sh e ll 슈 에 ㄹ	쉘
sh i p 슈 이 ㅍ	쉬프
sh o p 슈 아 ㅍ	샤프
sh u t 슈 어 ㅌ	셔트

끝소리 sh 읽는 법

sh가 단어 끝에 쓰이면 자연스럽게 '슈~' 하고 바람 소리를 내어 읽으세요.

예시) 형태	소리
c a sh ㅋ 애 슈	캐슈
d i sh ㄷ 이 슈	디슈

'캐슈', '디슈'에서처럼 sh의 끝소리를 '슈'라고 표기했지만, 앞에서 보았듯이 이 소리는 아기한테 '쉬~'라고 하는 소리에 가까운 바람 소리예요. 그래서 경우에 따라 '슈'대신 '쉬'라고 표기하기도 해요.

읽어보기

네모칸에 각 글자에 해당하는 소리를 적어보고 각 소리를 합쳐서 단어의 발음을 완성해 보세요.

글자 / 발음

sh

소리 | 슈 | = | 슈

sh i

소리 | ☐ | 이 | = | 쉬

shi p

소리 | ☐ | ☐ | = | ☐ | 뜻 (탈 것) 배

sh o

소리 | ☐ | 아 | = | 샤

sho p

소리 | ☐ | ☐ | = | ☐ | 뜻 가게

정답 정답을 확인해 보세요.

첫소리로 쓰인 sh 덩어리 읽기

글자 / 발음

sh

소리 | 슈 | = | 슈

sh i

소리 | 슈 | 이 | = | 쉬

shi p

소리 | 쉬 | 프 | = | 쉬프 | 뜻 (탈 것) 배

sh o

소리 | 슈 | 아 | = | 샤

sho p

소리 | 샤 | 프 | = | 샤프 | 뜻 가게

이번엔 sh 덩어리가 끝소리로 쓰인 단어를 읽어봅시다. 같은 방식으로 네모칸에 글자에 해당하는 소리를 적고 단어의 발음을 완성해 보세요.

	글자				발음	
			sh			
소리			슈	=	슈	
		a	sh			
소리		애		=	애 ___	뜻 재, 잿더미
	c	a	sh			
소리				=		뜻 현금
		i	sh			
소리		이		=		
	d	i	sh			
소리				=		뜻 접시

정답 정답을 확인해 보세요.

끝소리로 쓰인 sh 덩어리 읽기

글자				발음	
		sh			
소리		슈	=	슈	
	a	sh			
소리	애	슈	=	애슈	뜻 재, 잿더미
c	a	sh			
소리 ㅋ	애	슈	=	캐슈	뜻 현금
	i	sh			
소리	이	슈	=	이슈	
d	i	sh			
소리 ㄷ	이	슈	=	디슈	뜻 접시

영어 단어 써보기

방금 익힌 단어들을 입으로 소리내며 써보세요.

❶ 배
(발음) 쉬프

ship

❷ 가게
(발음) 샤프

shop

❸ 재, 잿더미
(발음) 애슈

ash

❹ 현금
(발음) 캐슈

cash

❺ 접시
(발음) 디슈

dish

강의 보기

DAY 30

'츄' 소리가 된 덩어리: ch

덩어리 글자 ch를 공부해 볼게요. 자음 c와 h가 만나서 ch가 되면 새로운 소리가 됩니다.

핵심 정리

형태	소리
ch	츄

소리는 어떻게 낼까요?

ch의 '츄' 소리도 우리말 '츄' 소리와는 조금 달라요. 우리말의 '츄'는 목에서 울리는 소리가 나는데, 영어의 '츄'는 sh의 '슈'와 마찬가지로 목을 울리지 않고 바람 소리만 '츄'하고 내줘요. 마치 압력솥 김 빠지는 소리를 흉내내는 듯한 '츄~' 소리예요.

어떻게 읽을까요?

ch가 첫소리일 때, 즉 단어가 ch로 시작할 때와 끝소리일 때, 즉 단어가 ch로 끝날 때로 나눠서 익혀봐요.

첫소리 ch 읽는 법

❶ 단어가 ch로 시작하면 다음에 나온 모음과 합쳐서 발음하세요.

예시) 형태	소리
ch a 츄 애	채
ch e 츄 에	췌
ch i 츄 이	취

ch o 츄 아	챠
ch u 츄 어	쳐

주의할 점이 있어요!

cha의 경우, <ch(츄)+a(애)>이므로 합치면 '츄ㅐ'가 되어야 하는데, 우리말엔 없는 글자예요. 그래서 실제 영어의 가장 비슷한 소리인 '채'라고 소리내면 좋아요. '츄+애'를 빨리 발음하다 보면 '채'처럼 소리나요.

cha뿐만 아니라, 다른 모음이 온 경우인 che, chi, cho, chu도 마찬가지로 실제 영어 발음과 가장 가까운 '췌', '취', '챠', '쳐'로 소리가 나요. ch 덩어리도 뒤에 오는 모음과 같이 익혀두세요.

❷ <ch+모음> 다음에 자음이 오면, 이어서 자음 소리를 발음하세요. 단, m, n, l이 오면 '므', '느', '르'로 읽지 않고 받침

소리로 읽어요.

예시) 형태	소리
ch a t 츄 애 ㅌ	챼트
ch e st 츄 에 ㅅㅌ	췌스트
ch i n 츄 이 ㄴ	췬
ch o p 츄 아 ㅍ	챠프
ch u g 츄 어 ㄱ	쳐그

끝소리 ch 읽는 법

ch가 단어 끝에 쓰이면 자연스럽게 '츄~' 하고 바람 소리를 내어 읽으세요.

예시) 형태	소리
r i ch ㄹ ㅣ 츄	리츄
l u n ch ㄹ ㅓ ㄴ(받침) 츄	런츄

위 예시에서 ch의 끝소리를 '츄'라고 표기하고 있는데요, 이 '츄' 소리는 압력솥의 김빠지는 '취~' 소리에 가까운 바람 소리예요. 그래서 경우에 따라 '츄' 대신 '취'라고 표기하기도 해요.

읽어보기

네모칸에 각 글자에 해당하는 소리를 적어보고 각 소리를 합쳐서 단어의 발음을 완성해 보세요.

	글자		발음	
	ch			
소리	츄	=	츄	
	ch a			
소리	[ ] 애	=	채	
	cha t			
소리	[ ] [ ]	=	[ ]	뜻 수다, 대화
	ch i			
소리	[ ] 이	=	취	
	chi n			
소리	[ ] ㄴ	=	[ ]	뜻 턱

정답 정답을 확인해 보세요.

첫소리로 쓰인 ch 덩어리 읽기

글자 발음

ch

소리 | 츄 | = | 츄

ch a

소리 | 츄 | 애 | = | 채

cha t

소리 | 채 | ㅌ | = | 채트 | 뜻 수다, 대화

ch i

소리 | 츄 | 이 | = | 취

chi n

소리 | 취 | ㄴ | = | 췬 | 뜻 턱

이번엔 ch 덩어리가 끝소리로 쓰인 단어를 읽어봅시다. 같은 방식으로 네모칸에 글자에 해당하는 소리를 적고 단어의 발음을 완성해 보세요.

글자 | 발음

ch

소리	츄	=	츄

i ch

소리	이		=	이 ___

r i ch

소리	ㄹ			=		뜻 돈 많은, 부자인

u n ch

소리	어	ㄴ		=	언 ___

l u n ch

소리					=		뜻 점심

정답 정답을 확인해 보세요.

끝소리로 쓰인 ch 덩어리 읽기

	글자		발음	
	ch			
소리	츄	=	츄	
	i ch			
소리	이 츄	=	이츄	
	r i ch			
소리	ㄹ 이 츄	=	*리츄	뜻 돈 많은, 부자인

***참고** | rich의 실제 발음은 '뤼츄'에 더 가까워요. 맨 앞의 r을 발음할 때 입모양을 '우' 한 상태로 혀를 말아주기 때문에 ri는 실제로 '뤼'로 발음돼요.

	글자		발음	
	u n ch			
소리	어 ㄴ 츄	=	언츄	
	l u n ch			
소리	ㄹ 어 ㄴ 츄	=	런츄	뜻 점심

영어 단어 써보기

방금 익힌 단어들을 입으로 소리내며 써보세요.

❶ 수다, 대화

발음 채트

chat

❷ 턱

발음 췬

chin

❸ 돈 많은, 부자인

발음 리츄

rich

❹ 점심

발음 런츄

lunch

강의 보기

DAY 31

'쓰(θ)' 소리가 된 덩어리: th

자음 t와 h가 만난 덩어리 글자 th를 공부해 볼게요. th 덩어리는 소리가 두 개예요.

핵심 정리

형태	소리
th	① 쓰 (발음 기호: θ) ② 드 (발음 기호: ð)

이 책에서는 두 개의 발음 중 더 많이 쓰이는 ①번 소리 '쓰'(발음 기호: θ)를 먼저 익혀 볼게요.

소리는 어떻게 낼까요?

th의 ①번 발음 '쓰' 소리는 우리말엔 없는 소리예요. 먼저, 혀 끝을 윗니로 살짝 물어요. 마치 '메롱' 하고 장난칠 때의 모양이에요. 그 상태에서 '쓰~' 하며 바람을 내보내요. 이 발음은 s의 'ㅆ' 소리와 헷갈릴 수 있어서, 발음 기호[θ]를 '쓰' 옆에 같이 표기해 줄게요.

어떻게 읽을까요?

th가 첫소리일 때, 즉 단어가 th로 시작할 때와 끝소리일 때, 즉 단어가 th로 끝날 때로 나눠서 익혀봐요.

첫소리 th 읽는 법

❶ 단어가 th로 시작하면 다음에 나온 모음과 합쳐서 발음하세요.

예시) 형태	소리
th a 쓰[θ] 애	쌔[θ]
th e 쓰[θ] 에	쎄[θ]
th i 쓰[θ] 이	씨[θ]
th o 쓰[θ] 아	싸[θ]
th u 쓰[θ] 어	써[θ]

❷ <th+모음> 뒤에 자음이 오면, 그 자음 소리를 이어서 발음해요. 단, m, n, l은 받침 소리로 읽어요.

예시) 형태	소리
th u d 쓰[θ] 어 ㄷ	써[θ]드
th i n 쓰[θ] 이 ㄴ	씬[θ]

❸ th 덩어리 다음에 바로 자음이 오는 경우가 있는데요, 대부분의 경우 <r+모음>이 와요. 이땐 그냥 자연스럽게 th의 '쓰' 소리에 이어 <r+모음>을 읽으면 돼요.

예시) 형태	소리
th ree 쓰[θ] ㄹ이이	쓰[θ]리이

끝소리 th 읽는 법

th가 단어 끝에 쓰이면 자연스럽게 '쓰~' 하고 바람 소리를 내어 읽어요.

예시) 형태	소리
b a th ㅂ 애 쓰[θ]	배쓰[θ]

읽어보기

네모칸에 각 글자에 해당하는 소리를 적어보고 각 소리를 합쳐서 단어의 발음을 완성해 보세요.

글자				발음	
th					
소리	쓰[θ]		=	쓰[θ]	
th	i				
소리		이	=		
th	i	n			
소리			ㄴ	=		뜻 마른
th	r				
소리		ㄹ	=	___ 르	
th	r	ee			
소리			이이	=		뜻 숫자 3

정답 정답을 확인해 보세요.

첫소리로 쓰인 th 덩어리 읽기

글자				발음	
th					
소리 쓰[θ]			=	쓰[θ]	
th	i				
소리 쓰[θ]	이		=	씨[θ]	
th	i	n			
소리 쓰[θ]	이	ㄴ	=	씬[θ]	뜻 마른
th	r				
소리 쓰[θ]	ㄹ		=	쓰[θ]르	
th	r	ee			
소리 쓰[θ]	ㄹ	이이	=	쓰[θ]리이	뜻 숫자 3

이번엔 th 덩어리가 끝소리로 쓰인 단어를 읽어봅시다. 같은 방식으로 네모칸에 글자에 해당하는 소리를 적고 단어의 발음을 완성해 보세요.

	글자				발음	
			th			
소리			쓰[θ]	=	쓰[θ]	
		a	th			
소리		애		=	애 ___	
	b	a	th			
소리	ㅂ			=		뜻 목욕
		ou	th			
소리		아우		=	아우 ___	
	m	ou	th			
소리				=		뜻 입

정답 정답을 확인해 보세요.

끝소리로 쓰인 th 덩어리 읽기

글자 / 발음

th

소리: 쓰[θ] = 쓰[θ]

a th

소리: 애 쓰[θ] = 애쓰[θ]

b a th

소리: ㅂ 애 쓰[θ] = 배쓰[θ] 뜻 목욕

ou th

소리: 아우 쓰[θ] = 아우쓰[θ]

m ou th

소리: ㅁ 아우 쓰[θ] = 마우쓰[θ] 뜻 입

영어 단어 써보기

방금 익힌 단어들을 입으로 소리내며 써보세요.

❶ 마른

발음 씬[θ]

thin

❷ 숫자 3

발음 쓰[θ]리이

three

❸ 목욕

발음 배쓰[θ]

bath

❹ 입

발음 마우쓰[θ]

mouth

강의 보기

DAY 32

'우' 소리가 된 덩어리: wh

자음 w와 h가 만난 덩어리 글자 wh를 공부해 볼게요.

핵심 정리

형태	소리
wh	우

소리는 어떻게 낼까요?

wh 덩어리에서는 w만 소리나고, h는 소리나지 않는 묵음이에요. 그래서 wh는 w 소리와 같아요.

wh	=	w
우 묵음		우

'우' 소리를 낼 때는 뽀뽀할 때처럼 입을 동그랗게 쭉 내밀고 '우' 해 보세요. 그래야 정확하게 발음할 수 있어요.

어떻게 읽을까요?

앞에서 살펴본 sh, ch, th와는 달리 wh는 첫소리로만 쓰여요.

❶ 단어가 wh로 시작하면 다음에 나온 모음과 합쳐서 발음하세요.

예시) 형태	소리
wh a 우 애	왜
wh e 우 에	웨
wh i 우 이	위

✱ **참고** | whu는 특별한 경우가 아니면 쓰지 않는 철자예요.

❷ <wh+모음> 뒤에 자음이 오면, 그 자음 소리를 이어서 발음해요. 단, m, n, l은 받침 소리로 읽어요.

예시) 형태	소리
wh i p 우 이 ㅍ	위프
wh e n 우 ㅔ ㄴ(받침)	웬

❸ 다음은 wh가 가장 많이 쓰이는 단어들이에요. 육하원칙(누가, 무엇, 언제, 어디서, 왜)을 의미하는 단어들이죠. 이때 <wh+모음>은 우리가 배운 소리와는 달리 조금 특이하게 읽어요. 그래서 단어와 소리를 통으로 익혀야 해요. 이 단어들은 꼭 외워두세요!

형태	소리	뜻
what	와트(왓)	무엇
who	후	누가, 누구를
when	웬	언제
where	웨얼	어디서
why	와이	왜

읽어보기

네모칸에 각 글자에 해당하는 소리를 적어보고 각 소리를 합쳐서 단어의 발음을 완성해 보세요.

	글자				발음	
	wh					
소리	우			=	우	
	wh	i				
소리		이		=		
	wh	i	p			
소리			ㅍ	=		뜻 채찍
	wh	e				
소리		에		=	웨	
	wh	e	n			
소리			ㄴ	=		뜻 언제

정답 정답을 확인해 보세요.

	글자				발음	
	wh					
소리	우			=	우	
	wh	i				
소리	우	이		=	위	
	wh	i	p			
소리	우	이	ㅍ	=	위프	뜻 채찍
	wh	e				
소리	우	에		=	웨	
	wh	e	n			
소리	우	에	ㄴ	=	웬	뜻 언제

영어 단어 써보기

방금 익힌 단어들을 입으로 소리내며 써보세요.

❶ 채찍

발음 위프

whip

❷ 무엇

발음 왓

what

❸ 누가

발음 후

who

❹ 언제

발음 웬

when

❺ 어디서

(발음) 웨얼

where

❻ 왜

(발음) 와이

why

강의 보기

DAY 33

‘ㅋ’ 소리가 된 덩어리: ck

자음 c와 k가 만나서 만들어진 덩어리 글자 ck를 배워 볼게요. ck는 단어 끝이나 중간에 와요. 즉, ck는 단어 첫소리로는 쓰이지 않아요.

예시 **back, kick, pocket, sticker...**

우리는 짧은 단어에 많이 쓰이는 ‘끝소리 ck’, 즉 단어 끝에 ck가 쓰인 단어들로 공부해 볼게요.

핵심 정리

형태	소리
ck	ㅋ

소리는 어떻게 낼까요?

ck 덩어리는 k처럼 'ㅋ' 소리가 나요. c와 k 각각 'ㅋ' 소리를 가지고 있지만 ck를 '크크' 하고 두 번 발음하지 않고, 'ㅋ' 하고 한번만 소리내요. 마치 목을 긁어주는 느낌으로 '크' 하고 발음하면 돼요.

어떻게 읽을까요?

❶ ck 앞의 모음 소리에 이어서 'ㅋ'를 발음해요.

예시) 형태	소리
a ck 애 ㅋ	애크
e ck 에 ㅋ	에크
i ck 이 ㅋ	이크

o ck 아 ㅋ	아크
u ck 어 ㅋ	어크

❷ <모음+ck>의 앞에 온 자음을 <모음+ck>와 합쳐서 읽어요. 'ㅋ'를 앞에 나온 글자보다 조금 작고 짧게 발음해요.

예시) 형태	소리
b a ck ㅂ 애 ㅋ	배크
d u ck ㄷ 어 ㅋ	더크

읽어보기

네모칸에 각 글자에 해당하는 소리를 적어보고 각 소리를 합쳐서 단어의 발음을 완성해 보세요.

글자				발음	
		ck			
소리		ㅋ	=	크	
	a	ck			
소리	애		=		
b	a	ck			
소리 ㅂ			=		뜻 등, 뒤
	u	ck			
소리	어		=	어 ___	
d	u	ck			
소리 ㄷ			=		뜻 오리

정답 정답을 확인해 보세요.

	글자				발음	
			ck			
소리			ㅋ	=	크	
		a	ck			
소리		애	ㅋ	=	애크	
	b	a	ck			
소리	ㅂ	애	ㅋ	=	배크	뜻 등, 뒤
		u	ck			
소리		어	ㅋ	=	어크	
	d	u	ck			
소리	ㄷ	어	ㅋ	=	더크	뜻 오리

DAY 34

강의 보기

이응 받침이 된 덩어리: ng

자음 n과 g가 만나서 만들어진 덩어리 글자 ng를 배워 볼게요. ng는 항상 단어 끝에 쓰여요. 그래서 우리말의 받침처럼 발음된답니다.

예시 **bang, king, song, ring, thing...**

핵심 정리

형태	소리
ng	응

소리는 어떻게 낼까요?

ng의 소리는 '응~' 하고 코로 소리를 내는 느낌이에요. 우리말의 '응'과 소리가 크게 다르지 않아서 발음하기 어렵지 않아요. 이 소리는 우리말의 'ㅇ' 받침과 같아요.

어떻게 읽을까요?

❶ 우선 ng 앞의 모음 소리에 '응'을 붙여서 읽어요.

예시) 형태		소리
a 애	ng ㅇ(받침)	앵
e 에	ng ㅇ(받침)	엥
i 이	ng ㅇ(받침)	잉

*o ng 어어 ㅇ(받침)	어엉
u ng 어 ㅇ(받침)	엉

*** 참고** | o 다음에 ng가 와서 ong가 되면, 이 o를 원래 발음인 '아'가 아니라 특이하게 긴 '어어'로 발음해요. 그래서 ong는 '어엉'으로 익혀두세요.

❷ <모음+ng>의 앞에 온 자음을 <모음+ng>와 합쳐서 읽어요.

예시) 형태	소리
b a ng ㅂ 애 ㅇ(받침)	뱅
k i ng ㅋ 이 ㅇ(받침)	킹

읽어보기

네모칸에 각 글자에 해당하는 소리를 적어보고 각 소리를 합쳐서 단어의 발음을 완성해 보세요.

	글자				발음	
			ng			
소리			ㅇ	=	응	
		a	ng			
소리		애		=	앵	
	b	a	ng			
소리	ㅂ			=		뜻 쾅(소리)
		i	ng			
소리		이		=	잉	
	k	i	ng			
소리	ㅋ			=		뜻 왕

정답 정답을 확인해 보세요.

	글자		발음	
	ng			
소리	ㅇ	=	응	
	a ng			
소리	애 ㅇ	=	앵	
	b a ng			
소리	ㅂ 애 ㅇ	=	뱅	뜻 쾅(소리)
	i ng			
소리	이 ㅇ	=	잉	
	k i ng			
소리	ㅋ 이 ㅇ	=	킹	뜻 왕

강의 보기

DAY 35

'응크' 소리가 된 덩어리: nk

자음 n과 k가 만나서 만들어진 덩어리 글자 nk를 배워 볼게요. nk도 ng처럼 항상 단어 끝에 쓰여요.

예시 **ink, bank, honk, junk...**

핵심 정리

형태	소리
nk	응크 (ㅇ받침+ㅋ)

n 다음에 k가 오면, n은 원래 발음인 'ㄴ'가 아니라 ng처럼 '응' 하고 발음돼요. n 뒤에 온 k는 그대로 'ㅋ' 소리로 발음되기 때문에, nk는 '응크' 소리가 돼요. 묶어서 '응' 하고 하

나의 소리가 나는 ng와 달리, nk는 '응'과 '크'를 부드럽게 이어서 마치 하나의 소리인 것처럼 발음해요.

소리는 어떻게 낼까요?

우선 nk의 '응' 소리는 우리말의 '응~'처럼 코로 소리를 내는 느낌이에요. '응'에 이어서 '크' 발음을 하는데, 이때 '크'는 좀 작고 짧게 발음해요. '응크'의 느낌이에요.

어떻게 읽을까요?

nk는 ng와 읽는 방법이 비슷해요. nk, ng 모두 단어 끝에 쓰여 우리말의 '받침'처럼 읽기 때문이에요.

❶ 우선 nk 앞의 모음 소리에 '응크'를 붙여서 읽어요.

예시) 형태		소리
a 애	nk ㅇ(받침)ㅋ	앵크

e nk 에 ㅇ(받침)ㅋ	엥크
i nk 이 ㅇ(받침)ㅋ	잉크
*o nk 어어 ㅇ(받침)ㅋ	어엉크
u nk 어 ㅇ(받침)ㅋ	엉크

***참고** | o 다음에 nk가 와서 onk가 되면, 이 o를 원래 발음인 '아'가 아니라 특이하게 긴 '어어'로 발음해요. 그래서 onk는 '어엉크'로 익혀두세요.

❷ <모음+nk>의 앞에 온 자음을 <모음+nk>와 합쳐서 읽어요.

예시) 형태	소리
b a nk ㅂ 애 ㅇ(받침)ㅋ	뱅크
p i nk ㅍ 이 ㅇ(받침)ㅋ	핑크

읽어보기

네모칸에 각 글자에 해당하는 소리를 적어보고 각 소리를 합쳐서 단어의 발음을 완성해 보세요.

	글자				발음	
			nk			
소리			ㅇㅋ	=	응크	
		a	nk			
소리		애		=	앵크	
	b	a	nk			
소리	ㅂ			=		뜻 은행
		i	nk			
소리		이		=	잉 ___	뜻 잉크
	p	i	nk			
소리	ㅍ			=		뜻 분홍색

정답 정답을 확인해 보세요.

글자 발음

nk

소리			ㅇㅋ	=	응크	

a nk

소리		애	ㅇㅋ	=	앵크	

b a nk

소리	ㅂ	애	ㅇㅋ	=	뱅크	뜻 은행

i nk

소리		이	ㅇㅋ	=	잉크	뜻 잉크

p i nk

소리	ㅍ	이	ㅇㅋ	=	핑크	뜻 분홍색

영어 단어 써보기

방금 익힌 단어들을 입으로 소리내며 써보세요.

❶ 등, 뒤

(발음) 배크

back

❷ 오리

(발음) 더크

duck

❸ 왕

(발음) 킹

king

❹ 은행

(발음) 뱅크

bank

❺ 분홍색

(발음) 핑크

pink

DAY 36

강의 보기

모음에 r이 붙은 덩어리 익히기

이번에는 모음 뒤에 r이 붙은 덩어리 글자들을 배워볼게요. 알파벳 r은 혀를 말아서 내는 'ㄹ' 소리로, 우리말에 없는 특이한 발음이에요. 그런데 이 r이 모음(a, e, i, o, u)과 만나면 모음 소리가 바뀌어요.

예를 들어볼까요?

car = c + a + r → 캐르(?)

ㅋ ㅐ ㄹ

'자동차'라는 뜻의 car를 각 글자의 소리대로 읽으면 '캐르'가 되는데요, 이건 틀린 발음이에요. 모음 a가 r을 만나서 ar이 되면 '아알~' 하고 읽어요. 단, 중요한 점은 단순히 우리말처럼 '알'하고 발음하는 것이 아니라 r 발음을 살려서 혀를 살짝 말아서 '아알~' 하고 읽어야 해요! 혀를 말아서 발음한다는 의미로 '~' 기호를 붙여 표현할게요.

c a r = c + ar → 카알~

ㅋ 알~

이렇게 모음과 r이 만난 덩어리 글자들은 한 글자씩 읽는 게 아니라 덩어리로 익혀야 정확하게 읽을 수 있어요. 이 덩어리 글자들을 우리는 <모음+r> 덩어리라고 부르기로 해요.

이번에 배울 대표적인 <모음+r> 덩어리를 살펴볼까요?

<모음+r> 덩어리 글자	소리
er, ir, ur	얼~
ar	아알~
or	오올~

이 덩어리 글자들은 r이 모음 소리를 완전히 바꿔주는 역할을 해서 하나씩 읽을 때와는 전혀 다른 소리가 나게 돼요. 자, 이제 이 덩어리 글자들의 소리를 단어를 통해서 하나씩 익혀 볼게요.

강의 보기

DAY 37

'얼~' 소리가 나는 덩어리: er, ir, ur

'얼~' 하고 발음하는 덩어리를 공부해 볼게요. '얼~' 하고 발음하는 덩어리 글자는 세 개예요.

핵심 정리

형태	소리
er	얼~
ir	
ur	

각 모음 e, i, u 뒤에 r이 붙어서 er, ir, ur이 되었어요. 형태는 세 가지지만, 발음은 '얼~'로 똑같아요.

이 덩어리 글자들은 위치가 정해져 있지 않지만 er과 ir은 주로 단어 중간이나 끝에 와요. ur은 단어 앞에 오기도 하지만 기초 단어에선 찾아보기 어려워요.

소리는 어떻게 낼까요?

'어' 하는 입모양을 만든 후, '얼~' 하고 소리를 내며 혀를 한껏 말아주세요.

어떻게 읽을까요?

❶ er, ir, ur 덩어리 앞에 자음이 오면 자음 소리와 '얼~'을 합쳐서 발음하세요.

예시) 형태	소리
h er ㅎ 얼~	헐~

b ir ㅂ 얼~	벌~
ch ur 츄 얼~	춸~

❷ er, ir, ur 덩어리 뒤에 자음이 오면, '얼~'에 이어서 자음 소리를 발음하세요.

예시) 형태	소리
h er d ㅎ 얼~ ㄷ	헐~드
b ir d ㅂ 얼~ ㄷ	벌~드
ch ur ch 츄 얼~ 츄	춸~츄

❸ er, ir, ur 덩어리 뒤에 자음 m, n, l이 오면 이 m, n, l은 받침 소리로 읽어야 해요. 그런데 '얼~' 발음 자체에 이미 ㄹ 받침이 들어가 있기 때문에, 그 뒤에 받침을 한번 더 넣는 건 어색할 수 있어요. 이럴 때 m, n은 각각 '음', '은'으로 따로 소리를 내요.

반면, ㄹ 받침이 되는 l(엘)은 조금 달라요. '얼~' 발음을 한 후, 혀를 l(엘) 발음의 위치, 즉 윗니 뒤쪽과 입천장이 만나는 경계선으로 이동시켜서 발음해요.

예시) 형태	소리
t er m ㅌ 얼~ ㅁ	*털~음
g ir l ㄱ 얼~ ㄹ	걸~ (혀의 위치를 이동)
t ur n ㅌ 얼~ 은	*털~은

*** 참고 |** '털.음.', '털.은.'처럼 한 글자씩 또박또박 끊어서 읽지 말고, 마치 한 덩어리처럼 이어서 발음해 주세요.

읽어보기

네모칸에 각 글자에 해당하는 소리를 적어보고 각 소리를 합쳐서 단어의 발음을 완성해 보세요.

글자 / 발음

er
소리: [얼~] = [얼~]

v er
소리: [ㅂ] [ ] = [벌~]

r i v er
소리: [ㄹ] [이] [ ] [ ] = [ ] 뜻 (자연) 강

t er
소리: [ㅌ] [ ] = [ ]

wa t er
소리: [워] [ ] [ ] = [ ] 뜻 물

정답 정답을 확인해 보세요.

er 덩어리 읽기

	글자					발음	
				er			
소리				얼~	=	얼~	
			v	er			
소리			ㅂ	얼~	=	벌~	
	r	i	v	er			
소리	ㄹ	이	ㅂ	얼~	=	뤄벌~	뜻 (자연) 강
			t	er			
소리			ㅌ	얼~	=	털~	
		wa	t	er			
소리		워	ㅌ	얼~	=	워털~	뜻 물

이번엔 ir 덩어리가 쓰인 단어를 읽어봅시다. 같은 방식으로 네모칸에 글자에 해당하는 소리를 적고 단어의 발음을 완성해 보세요.

	글자				발음	
		ir				
소리		얼~		=	얼~	
	b	ir				
소리	ㅂ			=		
	b	ir	d			
소리			ㄷ	=		뜻 새
	*g	ir				
소리	ㄱ			=		
	g	ir	l			
소리			ㄹ	=		뜻 소녀

* **참고** | g는 그 다음에 i가 오면 'ㅈ' 소리로 발음해야 하지만, '소녀'라는 뜻의 이 단어에서는 예외로 'ㄱ'로 발음해요.

정답 정답을 확인해 보세요.

ir 덩어리 읽기

	글자				발음	
		ir				
소리		얼~		=	얼~	
	b	ir				
소리	ㅂ	얼~		=	벌~	
	b	ir	d			
소리	ㅂ	얼~	ㄷ	=	벌~드	뜻 새
	g	ir				
소리	ㄱ	얼~		=	걸~	
	g	ir	l			
소리	ㄱ	얼~	ㄹ	=	*걸~	뜻 소녀

*** 참고** | 마지막 rl은 'ㄹ+ㄹ'가 되므로 'ㄹ'를 한 번만 표기하지만, 실제로는 혀를 말았다가(r 발음) 펴주며(l 발음) 발음해야 해요.

ur 덩어리가 쓰인 단어를 읽어봅시다. 같은 방식으로 네모칸에 글자에 해당하는 소리를 적고 단어의 발음을 완성해 보세요.

	글자					발음	
		ur					
소리		얼~			=	얼~	
	ch	ur					
소리	츄				=		
	ch	ur	ch				
소리					=		뜻 교회
	b	ur					
소리	ㅂ				=		
	b	ur	*g	er			
소리			ㄱ		=		뜻 햄버거

* **참고** | g는 그 다음에 e가 오면 'ㅈ' 소리로 발음해야 하지만, '햄버거'라는 뜻의 이 단어에서는 예외로 'ㄱ'로 발음해요.

정답 정답을 확인해 보세요.

ur 덩어리 읽기

	글자		발음	
	ur			
소리	얼~	=	얼~	
	ch ur			
소리	츄 얼~	=	춸~	
	ch ur ch			
소리	츄 얼~ 츄	=	춸~츄	뜻 교회
	b ur			
소리	ㅂ 얼~	=	벌~	
	b ur *g er			
소리	ㅂ 얼~ ㄱ 얼~	=	벌~걸~	뜻 햄버거

영어 단어 써보기

방금 익힌 단어들을 입으로 소리내며 써보세요.

❶ 강

발음 뤼벌~

river

❷ 물

발음 워털~

water

❸ 새

발음 벌~드

bird

❹ 소녀

발음 걸~

girl

❺ 교회

발음 췰~츄

church

❻ 햄버거

발음 벌~걸~

burger

강의 보기

DAY 38

'아알~' 소리가 나는 덩어리: ar

'아알~' 하고 발음하는 덩어리 ar을 공부해 볼게요.

핵심 정리

형태	소리
ar	아알~

모음 a 뒤에 r이 붙어서 ar이 되었어요.

소리는 어떻게 낼까요?

'아' 하고 크게 입을 벌려준 후, '아알~' 하고 소리를 내며 혀를 한껏 말아주세요.

어떻게 읽을까요?

❶ ar 덩어리 앞에 자음이 오면 자음 소리와 '아알~'을 합쳐서 발음하세요.

예시) 형태	소리
c ar ㅋ 아알~	카알~
p ar ㅍ 아알~	파알~

❷ ar 덩어리 뒤에 자음이 오면, '아알~'에 이어서 자음 소리를 발음하세요.

예시) 형태	소리
c ar d ㅋ 아알~ ㄷ	카알~드

p ar k ㅍ 아알~ ㅋ	파알~크

❸ ar 덩어리 뒤에 자음 m, n이 오면 이 m, n은 각각 '음', '은'으로 따로 소리를 내요.

반면, ㄹ 받침이 되는 l(엘)은 '아알~' 발음을 한 후, 혀를 l(엘) 발음의 위치, 즉 윗니 뒤쪽과 입천장이 만나는 경계선으로 이동시켜서 발음해요.

예시) 형태	소리
f ar m ㅍ 아알~ ㅁ	*파알~음
c ar l ㅋ 아알~ ㄹ	카알~ (혀의 위치를 이동)

*** 참고 |** '파.알.음.' 하고 한 글자씩 또박또박 끊어서 읽지 말고, 마치 한 덩어리처럼 이어서 발음하세요.

읽어보기

네모칸에 각 글자에 해당하는 소리를 적어보고 각 소리를 합쳐서 단어의 발음을 완성해 보세요.

	글자				발음	
		ar				
소리		아알~		=	아알~	
	c	ar				
소리	ㅋ			=	카알~	뜻 자동차
	c	ar	d			
소리	ㅋ		ㄷ	=		뜻 카드
	p	ar				
소리	ㅍ			=		
	p	ar	k			
소리			ㅋ	=		뜻 공원, 주차하다

정답 정답을 확인해 보세요.

	글자		발음	
	ar			
소리	아알~	=	아알~	
	c ar			
소리	ㅋ 아알~	=	카알~	뜻 자동차
	c ar d			
소리	ㅋ 아알~ ㄷ	=	카알~드	뜻 카드
	p ar			
소리	ㅍ 아알~	=	파알~	
	p ar k			
소리	ㅍ 아알~ ㅋ	=	파알~크	뜻 공원, 주차하다

DAY 39

강의 보기

'오올~' 소리가 나는 덩어리: or

'오올~' 하고 발음하는 덩어리 or을 공부해 볼게요.

핵심 정리

형태	소리
or	오올~

모음 o 뒤에 r이 붙어서 or이 되었어요.

소리는 어떻게 낼까요?

'오' 하고 입모양을 만든 후, '오올~' 하고 소리를 내며 혀를 한껏 말아주세요.

어떻게 읽을까요?

❶ or 덩어리 앞에 자음이 오면 자음 소리와 '오올~'을 합쳐서 발음해 주세요.

예시) 형태	소리
f or ㅍ 오올~	포올~ (입술 물고 바람소리)
sh or 슈 오올~	쇼올~

❷ or 덩어리 뒤에 자음이 오면, '오올~'에 이어서 자음 소리를 발음하세요.

예시) 형태	소리
f or k ㅍ 오올~ ㅋ	포올~크 (입술 물고 바람소리)

sh 슈	or 오올~	t ㅌ	쇼올~트

❸ or 덩어리 뒤에 자음 m, n이 오면 이 m, n은 각각 '음', '은'으로 따로 소리를 내요.

ㄹ 받침이 되는 l(엘)은 '오올~' 발음을 한 후, 혀를 l(엘) 발음의 위치, 즉 윗니 뒤쪽과 입천장이 만나는 경계선으로 이동시켜서 발음하세요.

예시) 형태	소리
c ㅋ / or 오올~ / n ㄴ	* 코올~은
w 우 / or 오올~ / l ㄹ / d ㄷ	** 워얼~드 (혀의 위치를 이동)

* 참고 | 한 글자씩 끊어서 읽지 말고, 한 덩어리로 이어서 발음해요.

** 참고 | w와 or이 만난 wor은, 자연스럽게 '월~' 하고 읽어요. 대신 '우' 하고 입술을 쭉 빼고 '월~' 하고 소리내는데, 이때 혀를 꼭 말아주세요.

읽어보기

네모칸에 각 글자에 해당하는 소리를 적어보고 각 소리를 합쳐서 단어의 발음을 완성해 보세요.

글자				발음	
	or				
소리	오올~		=	오올~	
f	or				
소리 ㅍ			=	포올~	
f	or	k			
소리		ㅋ	=		뜻 포크
sh	or				
소리 슈			=		
sh	or	t			
소리		ㅌ	=		뜻 짧은, 키가 작은

정답 정답을 확인해 보세요.

	글자		발음	
	or			
소리	오올~	=	오올~	
	f or			
소리	ㅍ 오올~	=	포올~	
	f or k			
소리	ㅍ 오올~ ㅋ	=	포올~크	뜻 포크
	sh or			
소리	슈 오올~	=	쇼올~	
	sh or t			
소리	슈 오올~ ㅌ	=	쇼올~트	뜻 짧은, 키가 작은

영어 단어 써보기

방금 익힌 단어들을 입으로 소리내며 써보세요.

❶ 자동차

발음 카알~

car

❷ 별

발음 스타알~

star

❸ 공원, 주차하다

발음 파알~크

park

❹ 포크

발음 포올~크

fork

❺ 짧은

발음 쇼올~트

short

영어회화 핵심패턴 233
영어회화 핵심패턴 233 중고급편

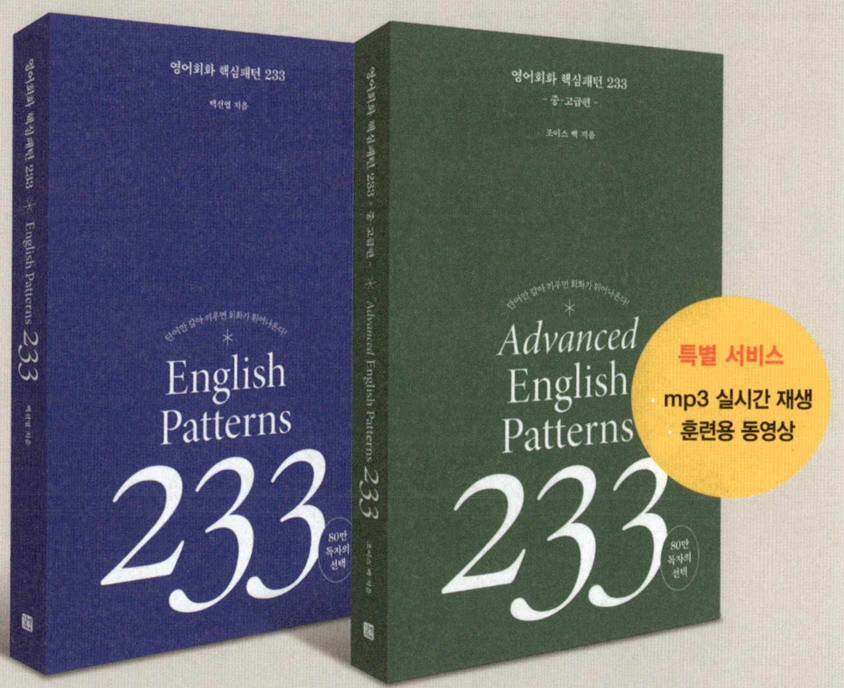

백선엽 지음 | 352쪽 | 18,000원

조이스백 지음 | 372쪽 | 18,000원

80만 독자가 선택한 20년 연속 베스트셀러

233개 패턴에 단어만 갈아 끼우면 회화가 튀어나온다!

난이도	기본편: 첫걸음 | 초급 / 중고급편: 중급 | 고급
기간	1일 1패턴 233일
대상	패턴 학습으로 영어를 편하게 습득하고 싶은 분, 영어 학습을 습관화 하고 싶은 분
목표	툭 치면 원하는 영어 표현이 바로 나오는 상태

외우지 않는 편안함

동사 X 전치사 도감

권은희 지음 | 363쪽 | 19,800원

이미지로 기억되니 외우지 않아도 된다!

쉬운 '전치사 30개 x 동사 43개'로 1,000 이상의 표현을 머릿속에!

난이도	첫걸음 | 초급 | 중급 | 고급	기간	기간과 순서에 관계없이 학습
대상	쉬운 표현으로 원어민처럼 얘기하고 싶은 학습자	목표	전치사 30개와 동사 43개의 개념을 잡고 1,000개 이상의 표현으로 활용